墨香财经学术文库

“十二五”辽宁省重点图书出版规划项目

Research on Transmission Mechanism, Prediction and Coordination of Supply Chain Disruption Risk

供应链中断风险的传导机理、预测与协调研究

刘纯霞 陈友余 舒彤 汪寿阳 ◎ 著

东北财经大学出版社
Dongbei University of Finance & Economics Press
大连

图书在版编目（CIP）数据

供应链中断风险的传导机理、预测与协调研究 / 刘纯霞等著. —大连：东北财经大学出版社，2019.12
（墨香财经学术文库）
ISBN 978-7-5654-3752-6

Ⅰ. 供… Ⅱ. 刘… Ⅲ. 供应链管理-风险管理-研究 Ⅳ. F252

中国版本图书馆CIP数据核字（2020）第011843号

东北财经大学出版社出版发行
大连市黑石礁尖山街217号 邮政编码 116025
网 址：http：//www.dufep.cn
读者信箱：dufep @ dufe.edu.cn
大连永盛印业有限公司印刷

幅面尺寸：170mm×240mm 字数：171千字 印张：12.25 插页：1
2019年12月第1版 2019年12月第1次印刷
责任编辑：王 丽 田玉海 责任校对：王 欣
封面设计：冀贵收 版式设计：钟福建
定价：45.00元

教学支持 售后服务 联系电话：（0411）84710309

举报电话：（0411）84710523
如有印装质量问题，请联系营销部：（0411）84710711

本书获得国家自然科学基金青年项目（71802075）、全国博士后基金项目（2017M622562）、湖南省自然科学基金项目（2017JJ3009）、湖南省哲学社会科学基金项目（15YBA062）、湖南省社会科学成果评审委员会项目（GLX193及XSPYBZZ004）、湖南省教育厅科学研究重点项目（18A445）的资助，为以上项目的阶段性研究成果。本书获得湖南省财政与会计研究基地的资助。

第一作者简介

刘纯霞，女，湖南安乡人，湖南大学管理科学与工程博士，长沙理工大学工商管理博士后，湖南财政经济学院副教授。研究领域：供应链风险管理、供应链金融。近年来，在 Expert Systems with Applications、《系统工程理论与实践》《商业经济与管理》《财经理论与实践》等杂志发表论文 20 余篇，主持国家自然科学基金青年项目、全国博士后基金项目、湖南省自然科学基金项目、湖南省哲学社会科学基金项目等 10 余项国家级和省部级项目。

前言

近年来，伴随企业全球化采购、非核心业务外包、单源供应、敏捷生产和精益供应等业务模式的发展，供应链在空间上越拉越长，且在时间上越缩越短。自然灾害、经济波动、流行病等外界环境因素的扰动时刻都有可能发生。供应链的这种时空变化与外界扰动增加了供应链网络运营环境的不确定性和脆弱性，提高了中断发生的可能性。供应链某节点企业的中断可能在供应链系统中出现传导，并可能产生蝴蝶效应，不断加剧中断传导影响，破坏供应链的安全运行，最终可能演化为整条供应链的中断、失效、瘫痪和瓦解。

各类供应链中断事件的相继发生，严重影响了企业的平稳生产，给企业造成了巨大财产损失。针对供应链中断风险传导的复杂性及需求的不确定性，研究供应链中断风险传导机理，构建并解决中断风险传导后的预测问题，已经成为供应链管理中的一个重要研究课题。本书以供应链中断风险为主要研究对象，以供应链中断内生风险与外生风险为决策变量，通过对其性质、内涵、特征、分类、影响因素和内在机制等问题进行系统的探索和论证，探讨了不同网络结构下的供应链中断风险传导特性。在供应链网络运营复杂、不确定且脆弱的环境下，产品需求具有高度不确定性，而现有供应链中断预测研究并没有很好的解决方案，为此本书构建了供应链中断风险预测模型，并进行了实证分析。具体研究工作如下：

（1）分析了供应链中断风险传导的概念、特征及传导原因；详细阐述了供应链中断风险传导要素，并绘制了供应链中断风险传导要素逻辑关系图；详细阐述了供应链中断风险传导路径，并绘制了供应链中断风险传导路径图；将供应链中断风险传导过程分为潜伏期、酝酿期、爆发期、消退期和遗留期等五大阶段；从供应链网络自身结构的复杂性、传导路径及传导过程的动态复杂性等方面探讨了供应链中断风险传导的复杂性，该分析和研究有利于揭示供应链中断风险传导的内在机理和中断风险传导规律，并有助于供应链内部各节点企业的结构稳定、协调和优化。

（2）针对供应链中断风险传导路径及传导过程的复杂性特点，引入WS小世界网络和NW小世界网络研究方法，应用度、平均度、特征路径长度、聚类系数、顶点度、度分布、网络结构熵及交流频率等多统计参量，分析了供应链中断风险传导特性。通过研究发现，供应链中断风险传导速度与传导路径和网络节点数均呈负相关关系，较短的中断风险传导路径和较大的聚类系数有利于促进供应链中断风险信息的共享。当存在核心节点企业时，核心节点企业的稳定性对供应链中断风险传导过程中供应链网络整体的稳定性起到至关重要的作用。在小世界网络结构下，供应链中断风险传导的不同阶段对统计参量的要求是不同的。

（3）鉴于现实中的供应链网络的规模可变性，针对供应链中断风险传导路径及传导过程的复杂性特点，应用BA无标度网络对供应链的网络特性进行分析。通过研究发现，相对于小世界网络结构，无标度网络结构下多元化的弱连接关系能使各节点企业建立更多的中断风险传导通道，获得更多具有低冗余度特征的中断风险新信息，能更好地规避、转化、分散和应对随机故障类中断风险，能建立更多、更短的供应链中断风险传导路径，能更好地缩短节点企业之间中断风险信息传导的时滞，核心节点企业的中继过渡作用依赖程度更小，供应链网络结构僵化的风险更小。

(4) 在风险传导过程中，产品需求具有高度不确定性，供应链中断预测问题暂时没有好的解决方案。本书构建了供应链中断风险预测模型，并进行了实证分析。改进的灰色神经网络预测模型的构建与实证分析结果表明，通过改进的灰色神经网络预测模型的最优维数确定 BP 神经网络输入层神经元个数的方式，既突破了传统灰色 GM（1，1）模型对原始数据序列的限制要求，又体现了神经网络良好的非线性逼近特性，提高了拟合程度与预测精度，增强了预测的平稳性与可靠性，能较好地解决供应链中断预测问题。

本书部分研究内容在 Expert Systems with Applications（SCI）、《系统工程理论与实践》（EI 及 CSSCI）、《商业经济与管理》（CSSCI）、《财经理论与实践》（CSSCI）等国内外刊物上发表，产生了良好的社会影响。

本书由 9 章组成，具体如下：第 1 章为绪论；第 2 章为理论基础；第 3 章为供应链中断风险传导复杂性分析，从供应链网络自身结构的复杂性、传导路径及传导过程的动态复杂性等方面探讨了供应链中断风险传导的复杂性；第 4 章为基于小世界网络的供应链中断风险传导特性分析；第 5 章为基于无标度网络的供应链中断风险传导特性分析；第 6 章为供应链中断风险预测模型构建；第 7 章为供应链中断风险预测实例验证；第 8 章为供应链中断风险下成员利润分配优化策略研究，对由制造商、分销商和零售商组成的三级供应链节点企业间的利润分配策略进行了研究；第 9 章为结论与展望。

在本书的写作过程中，我们参考了国内外同行的许多著作和论文等文献，特向这些作者表示真诚的感谢，是他们的前期研究成果丰富了我们的知识和写作内容。受作者学识水平和时间限制，书中难免存在不足，希望读者批评指正。

作　者

2019 年 9 月于长沙

目录

1 绪论

1.1 研究背景与研究意义

20世纪80年代以来，经济全球化使企业之间的竞争日趋激烈，为应对竞争，企业与企业结成联盟进行合作，即在企业之间存在既竞争又合作的关系，供应链管理应运而生。供应链管理使企业的经营模式向横向一体化转变。供应链模式可以弥补单个企业在竞争方面的不足，链上的企业可以通过相互合作实现更多的战略目标，传统的单个企业之间的竞争转变为供应商、制造商、分销商、客户等合作伙伴相互协作的供应链之间的竞争，供应链已成为企业获取竞争力的新途径。经济全球化环境下，供应链已向全球网络运营的方向发展，庞大而复杂的供应链网络系统使得供应链运营环境的复杂程度已经远非传统生产模式可比，精益生产、全球采购和业务外包等管理策略的广泛采用，使得供应链比以往任何时候都更容易遭受风险的影响。

近几十年，因计算机病毒、地震、火灾、冰灾、海啸、经济危机等外部环境因素所引起的供应链中断风险事件时有发生，给节点企业、供应链和社会均带来了巨大损失。真实发生的事故教训让企业管理者及学者开始重视供应链中断风险管理与对策。虽然目前对供应链风险管理的研究较多，但针对供应链中断风险传导的研究相对滞后，这与实际出现的诸多供应链中断事件相矛盾，使其成为亟待解决的重要研究课题。基于中断风险传导视角，对供应链中断风险的传导要素、传导路径、传导过程及传导特性进行分析，建立预测模型，为企业应对供应链中断风险提出相关策略，能够使节点企业及供应链减少或者避免由于供应链中断带来的损失。因此，本书以供应链中断风险为出发点，对供应链中断风险传导这一刚起步的研究课题展开比较系统的研究。

1.1.1 研究背景

随着科学技术的发展、社会分工的日益精细，通过供应链的运作方式进行企业之间的合作成为经济全球化环境下企业进行市场竞争的最有效合作方式。一方面，由于供应链中的参与主体比较多，供应链已向全球网络运营的方向发展，庞大而复杂的供应链网络系统使得供应链运营环境的复杂程度已经远远超越了以往，供应链网络系统更容易受到来自外部以及内部各种干扰的影响；另一方面，在新的经济环境下，随着供应链管理的深入应用，精益生产、全球采购、业务外包和集中化等管理策略的广泛采用，完善了企业的作业流程，提高了企业应对环境变化的能力，但各种先进管理方法、技术和管理策略的应用，使得供应链比以往任何时候都更容易遭受风险的影响，风险在企业系统中的传导增强并可能产生蝴蝶效应，影响、破坏供应链安全运行，造成供应链断裂、失效或成本剧增，导致供应链网络价值链体系紊乱、崩溃。下面主要从精益生产、业务外包、供应链全球化及公共突发事件等几个方面阐述供应链管理存在的中断风险。

（1）精益生产

在即时生产（just in time）、精益生产及零库存等供应链管理实践和理论的促使下，供应链对速度和效益的追求愈演愈烈。构建精益供应链的趋势带来的结果是双面的：一方面，精益生产强调尽可能消除库存冗余、降低供应链上企业的库存成本，通过缩短制造与物流耗时以达到成本最小化，优化资源配置实现效率最大化，因此精益生产能够为生产企业带来巨大的收益。如戴尔公司在实施精益生产后，在削减存货、改善流程方面取得了很大的进步，公司的存货周转率大大提高，在降低公司成本的同时，在引进新技术和开发新产品方面也远远领先于竞争对手，从而提高了自身的市场竞争力。另一方面，随着精益生产和准时制生产的推广，精益供应链所存在的问题也慢慢暴露出来。对零库存及物流速度的极致追求使得供应链就像一条绷紧到极致的橡皮筋，稍有不慎便会断裂。比如，1995年1月，日本神户发生的7.2级大地震，导致神户周边的交通运输系统基本瘫痪，神户港（世界第六大物流海港）暂停所有业务，日本五分之一的进出口业务完全停滞。因实施精益生产而闻名于世的日本丰田汽车公司在此次地震中损失重大，因制动系统供应商中断供应而不得不停止了对部分汽车的生产，当年减产20 000辆，损失约为2亿美元。另一个由于实施精益生产而导致供应链中断的典型案例是，1997年2月1日凌晨4点20分左右，一场大火将日本丰田汽车公司的供应商Aisin Seiki的工厂基本化为灰烬。Aisin Seiki是丰田汽车公司的一家关键的零部件供应商，一度是丰田汽车公司十分稳定、可靠的合作伙伴。火灾事故使得丰田汽车公司措手不及，崇尚精益生产的丰田汽车公司只有2天的库存，而Aisin Seiki恢复正常生产至少需要5周的时间。最终，这场火灾导致丰田汽车公司停产3天，损失7.5亿美元。

（2）业务外包

企业为了增强核心竞争力，将生产或经营过程中的某一个或几个环节外包给专业的机构来完成，从而集中精力开展与企业核心活动相关的业务，这一过程称为外包。业务外包有着强有力的理论支撑，即企业如果专注于它的核心业务，企业就有可能在该业务上获取相对于竞争对手的差异化优势，企业市场竞争力就能大大地增强。企业业务外包不仅可以充分利用外部资源来弥补自身能力的不足，而且可以降低经营成本，集中资源打造企业的核心优势，同时还可以保持企业在管理与业务上的灵活性和多样性。业务外包正成为世界商业发展的趋势，大量企业通过采用外包策略来改善经营、降低成本，从而提高企业核心竞争力和构建竞争优势。但大量的外包使得企业之间的依赖增加，在使供应链网络进一步扩大的同时也使供应链网络变得越来越复杂。供应链网络越复杂，网络中的节点就越多，这就表明任何一处出现问题，都会给网络中的其他企业造成影响。因此，业务外包对供应链的稳定、安全和高效率的运作提出了挑战。比如，发生于2000年3月17日的飞利浦工厂火灾就是一个典型的案例。那天，墨西哥当地的一家飞利浦电子工厂被闪电击中引起火灾，并因此损失了上百万个微芯片。手机制造商爱立信的芯片业务全部外包给了该工厂，结果当该飞利浦电子工厂关闭后，爱立信生产被迫中断了达数月之久，这场火灾使爱立信的销售额损失了近4亿美元，市场份额也由12%降至9%，且最终导致爱立信不得不退出手机市场。

（3）供应链全球化

全球化是21世纪的潮流，这是任何企业和个人都无法逆转的趋势。大型工业企业和服务型企业的运营与供应链的网络结构在全球范围不断发展，供应链在空间上日益拉长，供应链网络结构变得更加复杂。供应链网络结构的全球化增加了成员之间的依赖性，供应链网络结构的复杂化也使网络运营环境和运营系统变得更加不稳定和脆弱。近年来，如何应对供应链网络运营环境的不确定性和脆弱性成为供应链管理的一大难题。供应链节点企业发生的中断事件往往会快速影响相邻节点企业和线路，并传导至网络上的相关企业，不仅给企业自身造成巨大损失，甚至会影响全球整个产业的发展。如1999年我国台湾大地震损坏了台湾电脑芯片制造商的电力和设备，在大地震之后的两个星期，台湾零部件供应商都无法对外提供芯片，这使得无其他供货来源的许多个人电脑制造商（包括苹果及戴尔公司）面临因芯片短缺而无法向市场出货的窘境。再如，1993年，日本知名半导体原料供货商住友化工工厂发生爆炸，使其下游众多半导体制造商发生了严重的生产中断，威胁到全球半导体供货；2008年爆发的金融危机严重影响了全球范围内的供应链，当年世界500强企业的市值为26.8万亿美元，2009年则惨跌到15.6万亿美元，一年间下跌了11.2万亿美元。供应链节点企业的中断可能在供应链系统中出现间断或连续传导，破坏供应链的安全运行，最终可能引起整条供应链的中断、失效、瘫痪或瓦解。

（4）公共突发事件

近年来，各国各类公共突发事件频繁发生，造成了巨大损失，严重影响到企业的平稳生产、人民的身心健康和生命安全、社会的稳定和经济的繁荣。公共突发事件主要包含自然灾害、突发事故灾难、突发公共卫生事件、突发社会安全事件和突发经济安全事件。公共突发事件所引起的供应链中断风险事件给节点企业、供应链和社会均带来了巨大损失。

自然灾害主要包括洪涝地质灾害、旱灾、雪灾、海洋灾害、地震灾害、森林火灾等，中国是世界上受自然灾害影响最为严重的国家之一，如2008年的南方冰灾和“5·12”汶川大地震等。自然灾害造成的损失极大，据2013年的统计年鉴数据，中国全年洪涝地质灾害、旱灾、雪灾、海洋灾害和地震灾害造成的直接经济损失分别高达1 884亿元、905亿元、260亿元、165亿元和995亿元。突发事故灾难主要包括企业生产安全事故、道路交通事故、公共设施设备事故、环境污染和生态破坏事件等。据2013年统计年鉴数据，中国全年各类生产安全事故的死亡人数高达69 434人。突发公共卫生事件主要包括传染病疫情、食品安全、动物疫情等，如2003年的“非典”事件等。突发社会安全事件主要包括工人罢工事件等。突发经济安全事件主要包括1997年的亚洲金融危机和2008年的全球金融危机，给中国经济带来了前所未有的困难和挑战。

供应链中断是各类公共突发事件的直接结果，对供应链节点企业和供应链整体均带来了多重负面影响，甚至可能导致供应链瘫痪和瓦解。然而，国内企业界对这个问题的严重性依然估计不足，加上缺乏必要的理论支持，绝大多数企业没有建立相应的响应系统。

1.1.2 研究意义

对“供应链中断风险的传导机理、预测与协调”进行全面、系统的研究既有重要的理论意义，也有重要的实践意义，主要表现在：

（1）供应链中断风险传导机理分析既是供应链管理的重要内容，也是企业风险管理的重要组成部分。对这一问题的深入研究，有助于弥补供应链管理理论研究的不足，也有助于进一步完善企业风险管理体系。

（2）通过对供应链中断风险传导机理进行研究，建立一个供应链中断风险传导及其应对的分析框架，有利于更全面、更系统地考察和分析供应链的风险，有利于帮助企业打造安全供应链，全面分析供应链中断风险的传导要素、传导路径、传导过程及传导特性，为供应链中断风险的识别、评价与控制提供了新的思路和方法。

（3）对供应链中断风险传导进行有效的管理与控制，有助于提高供应链的运作效率，降低供应链的成本，有助于企业的持续发展。所以，对供应链中断风险传导及其应对的研究为探讨企业如何获取竞争优势、培养核心竞争力提供了新的思路。

（4）供应链中断风险传导机理、预测与协调研究的方法与技术对其他行业的风险管理研究和实践提供了借鉴和指引。

1.2 研究方法与研究内容

1.2.1 研究方法

1）小世界网络分析方法

20世纪60年代，美国哈佛大学的社会心理学家Milgram做了一个“探求美国社交网络最短路径”的信件传递实验[1]。通过对该信件传递实验的统计分析发现，从发信人到目标对象平均仅需通过6个熟人就可完成。由信件传递实验可推断：世界上任意两个人平均通过6个熟人实现联系，即“六度分离”（six degrees of separation）推断。物理学的术语“小世界效应”即为“六度分离”现象，故该实验结果正好能反映出人际社交网络的“小世界”特征。

“六度分离”现象是在社会网络中发现的，那么自然网络结构是否也存在相似的情况？Watts和Strogatz（1998）构造了第一个小世界网络模型（small world network），即WS小世界网络模型[2]。他们所构造的小世界网络介于规则网络和随机网络之间，是复杂网络研究的一项开创性成果。通过分析电影演员合作网、美国电力系统网和线虫神经系统网的两个标志性特征统计参量（特征路径长度和聚类系数），发现电影演员合作网、美国电力系统网和线虫神经系统网这三大网络均具有较小的平均路径长度和较大的聚类系数，即具有小世界网络的特征，并以此类推说明现实中的绝大多数社会网络均具有小世界网络特性。WS小世界网络模型的构造特点如下：第一，现存的最近邻耦合网络含有N个节点，能围成一个圆环，任一节点均与其上相邻的$\frac{k}{2}$节点及下相邻的$\frac{k}{2}$节点相连（k是偶数）；第二，随机以概率p重连网络中的每条边，并规定任一节点不存在与自身相连的边，且规定任意两节点间的边数最多为1条。

WS小世界网络模型被提出后，进行了大量实证研究和方法改进。大量实证研究验证了电话呼叫网络、演员合作网络、友谊网络、CEO网络、联姻网络、E-mail网络等网络均具有十分显著的“小世界”特征。与此同时，较多学者在此基础上进行了方法改进。Newman和Watts（1999）提出NW小世界网络模型[3]，即当复杂网络的随机度趋近于0时，特征路径长度就会出现临界点。WS小世界网络模型的构造算法是在规则网络的基础上以概率p随机连边至新节点上，而NW小世界网络模型的构造算法是在规则网络的基础上以概率p随机选取一对节点并在这对节点之间加边（为保证模型的简化和准确，规定随机选取的一对节点间最多只能连接一次且不能与自身连接）。其本质区别是，前者是改变节点连接，后者是在最初无直接联系的节点间建立新联系，并不改变最初节点间的联系。当概率p足够小和节点数N足够大时，NW小世界网络模型和WS小世界网络模型实质上是一样的。除WS小世界网络模型和NW小世界网络模型外，Govorčin等（2013）[4]和Silva等（2013）[5]也对小世界网络模型进行了方法改进研究。

小世界网络分析方法现已被广泛应用于物理、数学和生物等自然科学领域，其在经济管理领域的应用主要集中于市场与产业分析[6]、知识扩散与传播[7]和博弈过程分析[8]等方面。小世界网络分析方法展现出极强的适用性和广阔的发展前景，且大量实证研究表明，小世界网络理论能为解释复杂社会经济系统的结构特征和演化机制提供有效的定量描述和分析。

2）无标度网络分析方法

考虑到现实社会形态中的网络往往是动态的而非静态的，网络中的节点数并非一成不变，可能会增加，也可能会减少，网络中的边关系也可能会改变，即网络会呈现一定的动态演化特性。WS小世界网络模型和NW小世界网络模型的构建仅考虑网络结构，而没有考虑网络演化。Barabdsi和Albert（1999）意识到网络结构和网络演化密不可分，提出了具有增长特性和择优特性的BA无标度网络模型[9]。增长特性是指随着时间的推移，新节点不断加入，网络节点总数不断增加，且为开放系统。择优特性是指引入的新节点往往更倾向与拥有较高连接度的大节点相连接，即存在偏好连接特性，也就是所谓的“富者更富”和“马太效应”。通过对演员合作网、WWW网和电力网等复杂系统的度进行统计分析，发现节点度分布不像随机网络和小世界网络那样服从Poisson分布，而是具有幂律分布特性，即无标度特性。随机网络和小世界网络之所以服从Poisson分布，是因为网络中各节点的连接边数大致是相同的；BA无标度网络之所以服从幂律分布，是因为网络中少数节点的连接边数多，而绝大部分节点的连接边数极少。

BA无标度网络模型的具体构造步骤如下：

第一步，增长特性。起始时刻$t=0$时，网络节点企业数量为N_0。从具有N_0个节点企业的网络开始，每一时间步引入一个新节点，并且连到m个已存在的节点上，满足$m \leq N_0$。

第二步，择优特性。新节点连接到旧节点i的连接概率与旧节点度k_i成正比，连接概率为$\prod(k_i) = \dfrac{k_i}{\sum_{j=1}^{N-1} k_j}$，其中N表示网络节点数。

第三步，如此演化，直到达到一个稳定演化状态。即通过t时间步产生一个具有$N = N_0 + t$个节点、m_i条边的复杂网络。

无标度网络分析方法与小世界网络分析方法一样，已被广泛应用于物理、数学、生物、经济管理等多学科理论与实践研究，大量实证研究表明，BA无标度网络理论能为解释复杂社会经济系统的动态属性、结构特征和演化机制提供有效的定量描述和分析。

3）灰色系统理论模型

灰色系统理论是由邓聚龙教授在1982年提出的，其研究对象是“部分信息已知，部分信息未知”的“小样本、贫信息”的不确定性系统，是系统思想的一种深化和发展。传统的系统理论，主要研究信息完全已知的确定性系统，即白色系统，还研究信息未知的系统，即黑色系统。但是，对部分信息已知、部分信息未知的灰色系统，却研究得很不充分，这一空白区便成为灰色系统理论的诞生地。灰色系统理论认为，系统信息的不完全包括元素（参数）信息不完全、结构信息不完全、边界信息不完全、运行行为信息不完全等四种[10]。

灰色系统理论认为系统表象是复杂的，但却隐藏着相互关联性和有序性。为从杂乱无章的、有限的、离散的数据中探究规律性，不妨以原始数据为立足点，因为原始数据本身就是多因素综合作用的结果。灰色序列生成方法就是对原始数据整理和分析以探求数据变化规律的方法。此方法能显现数据变化的规律性，还能弱化灰色序列的随机性。灰色系统理论就是在灰色序列生成方法的基础上建立灰色系统模型，进行系统分析、预测、评估、决策和优化。

灰色系统预测，是灰色系统理论的核心组成部分。灰色系统预测是在分析系统因子之间相互影响的基础上，建立系统主行为特征量与关联因子的灰色动态模型群，并通过求解进行预测，研究系统的动态变化趋势，挖掘隐含规律。灰色系统预测模型因其具有建模过程简单、建模表达式简洁、预测精度高等优点，现已被广泛应用于经济、农业、水利等领域。

4）神经网络模型

人工神经网络（artificial neural network，ANN）研究始于Pitts（1942）[11]。Pitts通过研究动物大脑的结构、工作机理及神经元的某些特征，抽象出神经元的数理模型，建立了首个神经计算模型，即神经元阈值元件模型（简称MP模型），并从原理上证明了人工神经网络可以计算任何算数和逻辑函数。Hebb（1949）指出，经典的条件反射是由单个神经元的性质引起的[12]。受限于计算能力的影响，计算实验很难持续进行，人工神经网络研究进展缓慢。直至McClelland（1986）提出了前馈反向传播网络（back-propagation network，BP神经网络），验证了其学习能力很强，能解决许多现实问题[13]。Hopfield（1982）提出Hopfield神经网络[14]，即在人工神经网络中创造性地加入“能量函数”，以使其能进行稳定性分析，并具备模型记忆等新特点。

BP神经网络和Hopfield神经网络是最具代表性的两个神经网络模型。目前，在人工神经网络的实际应用中，大多数人工神经网络模型要么是BP神经网络和Hopfield神经网络，要么是其变化形式。BP神经网络和Hopfield神经网络自提出后，已被广泛地应用于经济、农业、水利等系统中的模式识别、自动控制、信号处理、预测反馈、决策辅助和人工智能等方面。

现就BP神经网络模型展开阐述。BP神经网络模型由输入层、输出层和若干隐含层构成，每一层都由若干个神经元组成，上层神经元与下层神经元之间通过权连接，层与层之间的神经元采用全连接方式，层内神经元之间没有联系。BP神经网络进行预测的过程如下：首先，学习样本作为输入层提供给神经网络，神经网络通过对输入数据进行加权求和、激活函数等运算，计算出模型的初始输出值，此为一次正向传播过程。其次，将模型输出值与样本中实际值（即目标输出值）进行比较，如果输出结果与目标输出之间误差值超出预期，该正向传播过程转入反向传播过程，将误差值从最后一层逐层向上传播。然后，数据正向传播和误差反向传播交替持续进行，直到模型的精度达到要求，或是训练次数达到指定范围。最后，将数据输入，经历一次正向传播过程，获取输出层数据，此数据即为BP神经网络模型的预测值。

1.2.2 研究内容

本书研究内容由五个部分组成：

第一部分为第1、2章，从供应链管理、供应链全球化及应急管理方面简述了本书的研究背景，应用系统理论、多米诺骨牌理论、能量释放理论、供应链的需求不确定性原理、价值链理论及交易成本理论阐述了本书的基础理论背景，就本书所用到的小世界网络分析方法、无标度网络分析方法、灰色系统理论和神经网络理论等分析方法进行了说明，对相关理论与方法进行了阐述及文献综述，说明了本书的研究思路、研究目的、研究内容、技术路线及主要创新点。其中，小世界网络分析方法、无标度网络分析方法是第4、5章的基础；供应链的需求不确定性理论、灰色系统理论、神经网络理论及方法是第6、7章的基础；系统理论、多米诺骨牌理论、能量释放理论是全书的理论基础。

第二部分为第3、4、5章，分析了供应链中断风险传导的概念及特征，阐述了供应链中断风险传导要素、供应链中断风险传导路径及供应链中断风险传导过程。针对供应链中断风险传导路径及传导过程的复杂性特点，从度、平均度、特征路径长度、聚类系数、顶点度、度分布、网络结构熵及交流频率等多统计参量分析供应链中断风险传导路径及供应链中断风险传导过程的传导通道与密度、传导路径、传导广度、传导稳定性及传导速度。主要从三个方面展开研究：(1) 详细阐述了供应链中断风险传导要素、供应链中断风险传导路径及供应链中断风险传导过程，分析了供应链中断风险传导的复杂性；(2) 引入WS小世界网络和NW小世界网络研究方法分析供应链中断风险传导特性；(3) 鉴于现实中的供应链网络的规模具有可变性，引入BA无标度网络研究方法分析供应链中断风险传导特性。

第三部分为第6、7章，在供应链中断风险传导路径及传导过程中，产品需求具有高度不确定性，供应链中断预测问题暂时没有好的解决方案。主要从两个方面展开研究：(1) 构建了供应链中断风险预测模型，即将灰色预测模型与BP神经网络进行组合，以提高预测精度；(2) 在所构建的改进的灰色神经网络预测模型的基础上，以受中国南方2008年冰灾影响，销售出现部分中断的湖南HX办公与课椅家具厂为实例，进行实证分析，验证了方法的可行性，较好地解决了供应链中断预测问题。

第四部分为第8章，主要针对由制造商、分销商和零售商组成的具有二层渠道的三级供应链中成员间合作利润分配展开研究。在供应链正常及供应链中断两种情况下构建了基于Stackelberg利润独立分配模型和成员合作利润分配模型，进行博弈分析，在成员合作情形下各节点企业可通过讨价还价能力的大小来选择适当的分配因子进行利润分配，并引入Shapley值法进行分配利润，以保证分配的合理性与有效性，希望通过合理的利润分配优化供应链节点企业的合作绩效。

第五部分为第9章，结论与展望。

本书具体内容安排如下：

1 绪论。

从精益生产、业务外包、供应链全球化及公共突发事件等几个方面分析供应链管理存在的中断风险，介绍了供应链中断风险管理研究的重要性；简述了本书所用到的小世界网络分析方法、无标度网络分析方法、灰色系统理论和神经网络理论等研究方法；介绍了研究思路、研究目的、研究内容、技术路线和主要创新点，对全书的主要工作及结构进行了安排。

2 理论基础。

从系统理论、多米诺骨牌理论、能量释放理论、供应链的需求不确定性原理等方面阐述了本书的基础理论背景；检索国内外有关供应链中断风险含义、来源、分类与影响、供应链中断风险传导要素、供应链中断风险传导路径、供应链中断风险传导生命周期及供应链中断风险传导管理优化的相关文献，对其进行了文献综述。

3 供应链中断风险传导复杂性分析。

在借鉴相关文献的基础上对供应链中断风险传导的内涵和特征进行了分析；对供应链中断风险传导的中断风险源、中断风险传导载体、中断风险流、中断风险道、中断风险阈值和供应链风险宿等六大构成要素进行了详细分析，为了更加形象地揭示这六大要素之间的逻辑关系，绘制了供应链中断风险传导要素逻辑关系图；将供应链中断风险传导路径主要分为链式传导路径、网状辐射传导路径、网状集中传导路径和网状交互传导路径四种，并绘制了供应链中断风险传导路径图；与企业生命周期一样，将供应链中断风险传导过程分为潜伏期、酝酿期、爆发期、消退期和遗留期五个阶段；从供应链网络自身结构的复杂性、传导路径及传导过程的动态复杂性等方面探讨了供应链中断风险传导的复杂性。

4 基于小世界网络的供应链中断风险传导特性分析。

针对供应链中断风险传导路径及传导过程的复杂性特点，本章引入小世界网络研究方法，从度、平均度、特征路径长度、聚类系数、顶点度、度分布、网络结构熵及交流频率等多统计参量分析供应链中断风险传导路径及供应链中断风险传导过程的传导通道与密度、传导路径、传导广度、传导稳定性及传导速度，并运用MATLAB软件进行了数值模拟和分析，验证了统计参量分析的正确性。此研究有利于供应链节点企业和供应链整体应对中断风险并提升运作效率。

5 基于无标度网络的供应链中断风险传导特性分析。

鉴于现实中的供应链网络的规模具有可变性，本章针对供应链中断风险传导路径及传导过程的复杂性特点，应用BA无标度网络对供应链的网络特性进行分析，主要从度、平均度、特征路径长度、聚类系数、顶点度、度分布、网络结构熵及交流频率等多统计参量分析供应链中断风险传导路径及供应链中断风险传导过程的传导通道与密度、传导路径、传导广度、传导稳定性及传导速度，并运用MATLAB软件进行了数值模拟和分析，验证了统计参量分析的正确性，以揭示供应链中断风险传导特性和规律。

6 供应链中断风险预测模型构建。

在供应链中断风险传导路径及传导过程中，产品需求具有高度不确定性，供应链中断预测问题暂时没有好的解决方案。本章构建了供应链中断风险预测模型。其构建过程如下：首先，利用传统GM（1，1）模型针对供应链中断的时间序列进行预测，数据的突变和不平稳导致了预测精度较差。其次，在此基础上分别采用变起点GM（1，1）模型和新陈代谢GM（1，1）模型对传统GM（1，1）模型进行改进，挑选出高精度与高拟合度的最优预测模型，确定最优的维数。最优的维数即为神经网络模型输入层神经元个数。最后，应用改进的神经网络模型进行预测。

7 供应链中断风险预测实例验证。

本章在上一章所构建的改进的灰色神经网络预测模型的基础上，以受中国南方2008年冰灾影响，销售出现部分中断的湖南HX办公与课椅家具厂为实例，进行实证分析。首先构建了传统GM（1，1）预测模型，由于达不到预测精度要求，应用变起点GM（1，1）模型和新陈代谢GM（1，1）模型对传统GM（1，1）模型进行改进，挑选出7维子序列GM（1，1）模型为最优预测模型，以此确定BP神经网络输入层神经元个数为7个。然后构建了网络拓扑结构为7-15-1的BP神经网络，以此进行预测。通过比较发现，改进的灰色BP神经网络预测模型的预测精度明显优于传统GM（1，1）预测模型、7维变起点子序列GM（1，1）模型及7维新陈代谢子序列GM（1，1）模型的预测精度，验证了方法的可行性。

8 供应链中断风险下成员利润分配优化策略研究。

对由制造商、分销商与零售商所构成的二层渠道三级供应链利润分配问题，本章在供应链正常及中断两种情况下构建了基于Stackelberg的利润独立分配模型和企业合作时的利润分配模型，进行了博弈分析并比较了不同分配策略对供应链节点企业利润及总利润的影响。结果表明，无论供应链有无中断，供应链节点企业间合作时的总利润均明显高于独立决策时节点企业的总利润。供应链中断引起需求增加时，制造商是否在原有基础上扩大生产取决于m与βc_{11}大小的比较；需求减少时，制造商是否在原有基础上对原生产计划和价格进行调整取决于m与βc_1大小的比较，无论是需求增加还是需求减少，合作时市场容量变动量m对βc_{11}（或βc_1）的依赖程度均远低于独立决策的情况。在供应链中断利润独立分配优化策略中，提高（或降低）的价格分配份额的大小取决于决策顺序；供应链节点企业可以通过讨价还价能力的大小来选择适当的分配因子进行利润分配。通过引入Shapley值法及其算例，进一步证明了供应链节点企业间的合作能有效提高利润水平，并保证供应链利润分配的合理性与有效性。

9 结论与展望。

本章为本书的结论及对后续研究的展望。

1.2.3 技术路线

本书主要采用理论研究与实证研究相结合的方法，综合应用供应链管理理论、复杂网络理论、博弈论、灰色系统理论和神经网络理论等理论与方法，全面、系统地研究了供应链中断风险传导的复杂性，并在此基础上进行了供应链中断风险传导特性分析，探讨需求不确定情况下的供应链中断风险预测问题，比较了不同分配策略对供应链节点企业的影响，试图实现供应链利润分配的合理性与有效性。具体而言，研究工作主要可分为以下五个阶段：

第一阶段：文献综述。检索国内外有关供应链中断风险含义、来源、分类与影响、供应链中断风险传导要素、供应链中断风险传导路径、供应链中断风险传导生命周期及供应链中断风险传导管理优化的相关文献，对其进行研究综述，提出具体研究目标和主要问题。

第二阶段：理论推演。根据所提出的研究目标和主要问题，基于文献综述与理论研究基础，提出本书的研究重点，分别对供应链中断风险传导含义、特征、供应链中断风险传导要素、供应链中断风险传导路径和供应链中断风险传导过程进行了理论探讨；之所以如此安排，是因为这些理论探讨是供应链中断风险传导复杂性的根源，也是进行供应链中断风险传导特性分析的前提和基础。

第三阶段：应用方法研究。基于供应链中断风险传导的复杂性，分别引入WS小世界网络、NW小世界网络和BA无标度网络研究方法，从度、平均度、特征路径长度、聚类系数、顶点度、度分布、网络结构熵及交流频率等多统计参量分析供应链中断风险传导特性，并运用MATLAB软件进行了数值模拟和分析。

第四阶段：实证研究。在供应链中断风险传导路径及传导过程中，产品需求具有高度不确定性，供应链中断预测问题暂时没有好的解决方案，基于此，构建了供应链中断风险预测模型，并以受中国南方2008年冰灾影响，销售出现部分中断的湖南HX办公与课椅家具厂为实例，进行了实证研究；对由制造商、分销商与零售商所构成的二层渠道三级供应链利润分配问题，构建供应链正常及中断两种情况下的利润独立分配模型和合作利润分配模型，比较不同分配策略对供应链节点企业利润及总利润的影响，并引入Shapley值法及其算例，实现供应链利润分配的合理性与有效性。

第五阶段：理论完善。根据理论研究过程、应用方法研究及实证研究的相关结果，完善供应链管理体系，弥补供应链管理理论的不足，增强理论解释的概括力与动态性，帮助企业深入理解供应链中断风险传导特性，从结构优化与相互协作的角度提升节点企业的核心竞争力、风险管理水平和应急响应能力。

本书技术路线如图 1-1 所示。

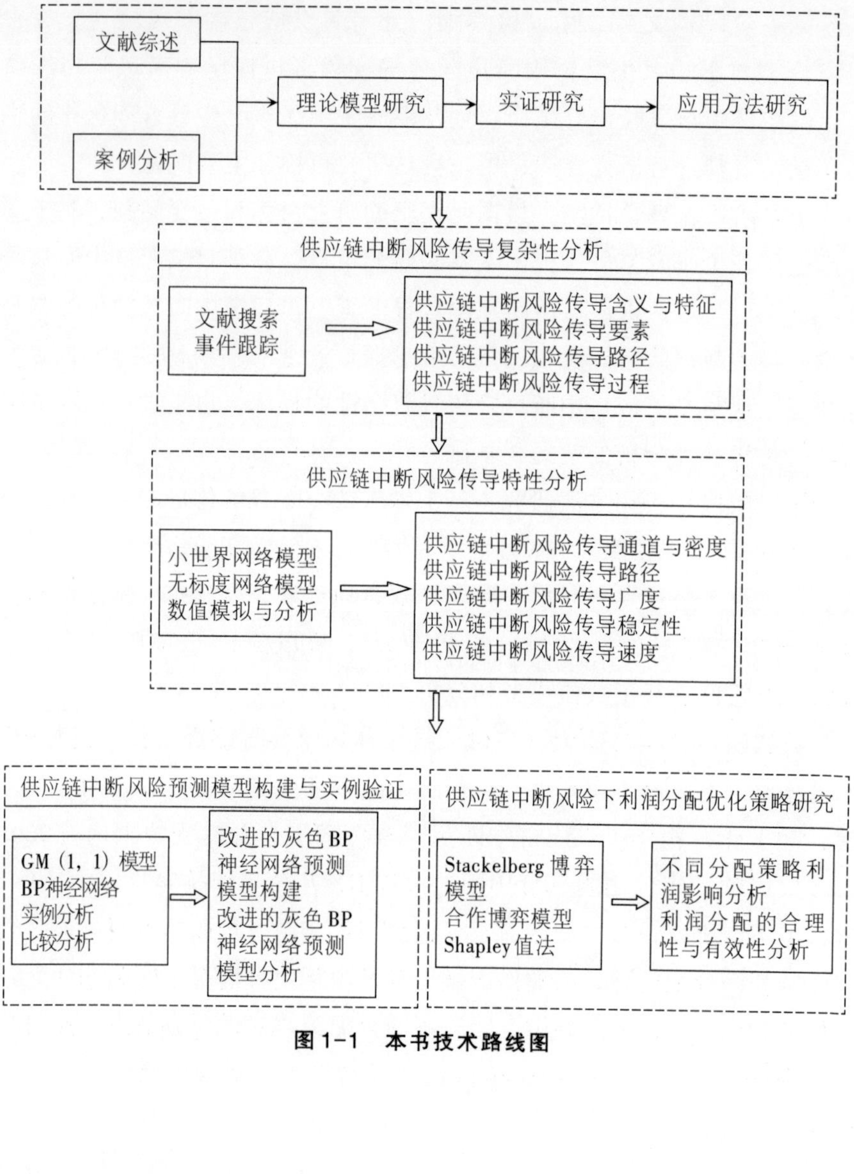

图 1-1 本书技术路线图

1.3 研究思路与研究目的

1.3.1 研究思路

本书以供应链中断风险传导的复杂性研究为起点，从供应链中断风险传导的概念和特征、供应链中断风险传导要素、供应链中断风险传导路径及供应链中断风险传导过程等方面探讨了供应链中断风险传导的复杂性根源，进而以此为依据，分别引入WS小世界网络、NW小世界网络和BA无标度网络研究方法，从度、平均度、特征路径长度、聚类系数、顶点度、度分布、网络结构熵及交流频率等多统计参量分析供应链中断风险传导特性，并运用MATLAB软件进行了数值模拟和分析。产品需求具有高度不确定性，为了应对需求不确定性，构建供应链中断预测模型，并进行实证分析。为了协调供应链节点企业之间的利润分配，构建了基于Stackelberg的利润独立分配模型和企业合作时的利润分配模型，进行了博弈分析并比较了不同分配策略对供应链节点企业利润及总利润的影响，引入Shapley值法及其算例，有效提升供应链节点企业间的合作深度和利润水平，达到实现利润分配的合理性与有效性的目的。本书主要研究思路如图1-2所示。

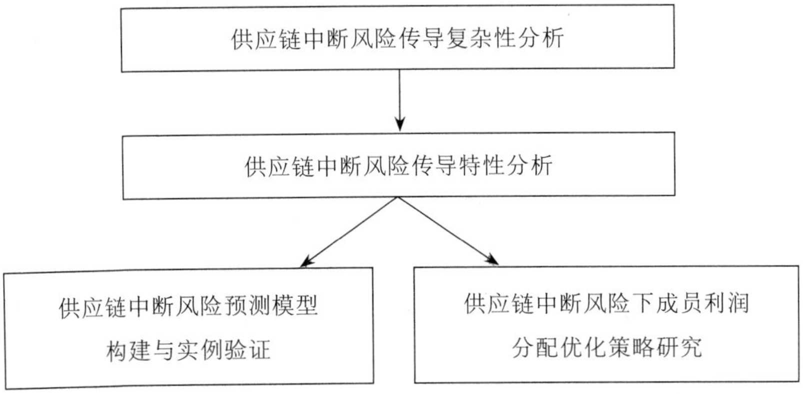

图1-2 本书主要研究思路

1.3.2 研究目的

选题定位为“供应链中断风险的传导机理、预测与协调研究”，其原因主要有：一是各类供应链中断事件相继发生，严重影响企业的平稳生产，给企业造成了巨大财产损失；二是供应链某节点企业的中断可能在供应链系统中出现传导，并不断加剧影响、破坏供应链安全运行，最终可能演化为整条供应链的中断、失效、瘫痪和瓦解；三是企业对供应链中断风险传导的严重性影响估计不足，缺乏中断风险传导机理方面的理论支持，绝大多数企业还未建立良好的应对策略。

具体而言，本书的研究目的包括以下几点：

（1）对供应链中断风险的国内外研究成果进行归纳、分析、总结和提炼。

（2）从供应链中断风险传导的概念、特征、供应链中断风险传导要素、供应链中断风险传导路径及供应链中断风险传导过程等方面探讨供应链中断风险传导的复杂性。

（3）分别引入小世界网络模型和无标度网络模型，从度、平均度、特征路径长度、聚类系数、顶点度、度分布、网络结构熵及交流频率等多统计参量分析供应链中断风险传导特性。

（4）在供应链中断风险传导过程中，产品需求具有高度不确定性，边关系优化方法能有效解决供应链中断预测问题。可构建供应链中断风险预测模型，并以受中国南方2008年冰灾影响，销售出现部分中断的湖南HX办公与课椅家具厂为实例，进行实证研究。

（5）对由制造商、分销商与零售商所构成的二层渠道三级供应链利润分配问题，构建利润独立分配模型和成员合作利润分配模型，进行博弈分析并比较不同分配策略对供应链节点企业利润及总利润的影响，引入Shapley值法及其算例，进一步证明供应链节点企业间的合作能有效提高利润水平，并保证供应链利润分配的合理性与有效性。

本书可以完善供应链管理体系，弥补供应链管理理论的不足，增强理论解释的概括力与动态性，帮助企业深入理解供应链中断风险传导特性，从结构优化与相互协作的角度提升节点企业的核心竞争力、风险管理水平和应急响应能力，并有助于打造柔性、安全而富有弹性的供应链。

1.4 主要创新与特色

本书的主要创新与特色体现在以下几个方面：

（1）虽然已有文献针对传导要素、传导路径与传导过程进行了阐述，但很少能从供应链中断风险的角度探讨传导要素、传导路径与传导过程，尤其是缺乏供应链中断风险传导要素及传导路径的理论基础研究及理论模型。本书对供应链中断风险传导要素、供应链中断风险传导路径进行了分类，构建了理论模型，对供应链中断风险传导过程进行了分阶段阐述，为供应链中断风险的传导特性分析、预测和协调研究打下了较好的基础。

（2）已有文献在进行供应链中断风险传导机理分析时，往往采用的是定性分析。本书引入了小世界网络分析方法，分析供应链中断风险传导特性。在特性分析过程中，也得出了一些创新性结论：在小世界网络结构下，供应链中断风险传导的不同阶段对统计参量的要求是不同的，尤其是供应链网络整体的聚类系数的大小要根据供应链中断风险传导的不同阶段进行调整；在中断风险传导过程中，小世界网络结构下的供应链可能会出现结构僵化的现象。

（3）当供应链中断风险传导开始后，供应链网络规模会进行相应调整。有时需建立更多直接联系和间接联系，以转化和分散中断风险。有时需淘汰一部分直接联系和间接联系，以规避供应链网络结构僵化，并缩减运行成本。本书研究了这种动态变化，从无标度网络模型视角探讨了供应链中断风险传导特性。

（4）在供应链中断风险传导过程中，很少有文献针对传导特性引入弱连接理论进行关系管理。本书针对不同的供应链中断风险传导路径及不同的供应链中断风险传导阶段，对弱连接关系的引入问题进行了探讨。

（5）在供应链中断风险传导过程中，产品需求具有高度不确定性，供应链中断预测问题暂时没有好的解决方案。本书正是基于此，构建了改进的灰色BP神经网络预测模型，该组合方法的创新与特色是通过改进的灰色神经网络预测模型的最优维数确定BP神经网络输入层神经元个数。这种做法既突破了传统灰色GM（1，1）模型对原始数据序列的限制要求，又体现了神经网络良好非线性逼近特性，提高了拟合程度与预测精度，增强了预测的平稳性与可靠性，能应用于供应链中断或突变的时间序列数据预测中，较好地解决了供应链中断预测问题。

2 理论基础

2.1 系统理论

系统理论认为构成系统的各个部分相互联结共同组成一个有秩序的稳定模式。系统是有边界的实体，物质和精神能量在其内部进行交流，而不越边界。边界告诉我们什么在系统之内，什么在系统之外，它由观察者根据一定的标准而界定，很多问题的产生都是由于系统边界不明确。系统和系统之间也有渗透性，在彼此交流的过程中，一个系统会从环境中得到输入，并将所得之各种物资与资源经过转化，除了部分留给系统自身使用外，其余部分输出给环境（或其他系统）使用，此过程是不断循环的。这个环环相扣的过程使能量得以循环。如果系统不能接受边界之外的输入，以自身的能量维持运行过程中的损耗，就被称为熵。系统创造能源以维持自身运行的能力则被称为负熵，也被称为协同作用。

一个系统能否使自身保持稳定与平衡需要两个条件：首先是系统具

备有机式的代谢功能。在系统的一部分由于老化消失时，系统需要新元素的加入以使系统保持安定状态。其次是系统必然会受到外界的干扰，系统的能力应该足以排除干扰，解除危机与摆平冲突，从而使系统回归稳定状态。

供应链系统由供应链网络和系统环境组成。其中供应链网络是由核心节点企业及为核心节点企业服务的相关企业组成的，系统环境是存在于供应链网络周围与供应链网络有关的各种因素的集合。供应链网络和系统环境息息相关、相互影响。系统环境因素的属性或状态及其变化会对供应链网络造成影响，导致供应链网络的稳定与平衡状态发生变化；供应链网络反过来也会对系统环境产生影响，影响系统环境各种因素的属性或状态。系统环境中爆发的突发事件即中断风险会影响供应链网络中的各个节点企业，供应链上的各节点企业反过来又通过各种方式方法影响和改变着系统环境。

2.2 多米诺骨牌理论

多米诺骨牌理论是由亨里奇（Heinrich）首先提出的。亨里奇是一位安全工程师和工程事故安全领域的先驱者，他通过对75 000例工业事故进行分析，发现88%的事故是由人的不安全行为导致的，而只有10%是由危险的物质或机械状态引起的，还有2%是由偶然因素引起的。因此，通过控制人的行为和物质或机械状态可以预防98%的事故的发生。亨里奇认为，事故的发生是一系列事件的发生，是有因果关系的，这就如多米诺骨牌一样，在第一块骨牌倒下之后，后面的骨牌将因此而先后倒下，因此亨里奇提出了多米诺骨牌理论用于预防与控制事故的发生。

多米诺效应是指在一个相互关联、相互影响的系统中，一个很小的初始能量，很可能会引发一系列连锁反应。即在外力作用下，第一张倒下的多米诺骨牌，重力势能转化为动能，当它落在第二张骨牌上时，动能传了下来，而第二张骨牌接着将源自第一张骨牌的动能及自身的势能转移到第三张骨牌，就这样相继传递，并且后一张骨牌所传递的动能都比前一张要大，如此多米诺效应非常惊人。如在一个供应链系统中引发多米诺效应，所导致的后果很有可能使整个系统受到影响，严重的会导致整个供应链崩溃和瘫痪。

多米诺效应给人类的启示就是不应忽视系统中一些微小的量的积累及变化，质变只是量变发展的不同阶段，我们必须重视量变的发展过程，对一些有可能会导致质变的量变给予足够的重视和控制，如抽取中间的骨牌，从而终止量变，防止一些微小量变对系统的冲击。

2.3 能量释放理论

能量释放理论最早由吉布森（Gibson）于1961年提出，他认为事故是一种不正常的或不被希望的能量释放，各种形式的能量是构成伤害的直接原因。因此，应该通过控制能量或控制作为能量达及人体媒介的能量载体来预防事故的发生。

1966年，哈登（Haddon）进一步完善了能量释放理论，他认为世界上的所有物质（包括人）都可以看作一种结构物，每一种结构物都有一个极限承载力，如果承载力超出了结构物的控制，达到甚至超过了极限，就会发生事故。事故其实是能量释放超出了常规或超出了预期，因此，对能量进行有效控制或对能量作用于事物的结构进行改变就能有效地避免事故的发生。

在一定条件下，能量的大小、能量接触的持续时间决定了其能否造成人员伤亡。根据能量释放理论，为防止发生意外能量转移，可使用多种屏蔽手段，从而控制能量，防止意外事故发生。

2.4 供应链的需求不确定性原理

不确定性是指经济主体事先不能准确地知道他们自己决策的影响或结果。或者，只要经济主体的一种决策所导致的不止一个可能的结果，就会导致不确定性。从供应链的结构角度来看供应链中存在的不确定性包括：供应的不确定性、需求的不确定性、衔接的不确定性和企业运作的不确定性。在这些不确定性中，最重要的是需求的不确定性。

需求的不确定性集中表现为需求分布在时间、空间上的差异性，客户需求量的不确定性及需求结构的变动性等。供应链中诸如生产排程、库存管理、分销策略、财务预算规划等决策，是以对未来需求的预测为基础的。因此消费需求的不确定性是导致企业产生需求预测误差的主要原因。“牛鞭效应”就是供应链中需求不确定性的典型表现。需求信息偏差逐级放大引起的供应商库存不确定性最终导致“牛鞭效应”。供应链在运行过程中，供应链上每一级节点企业在制订企业采购计划和决定库存水平时往往会参照其上下游节点企业的需求情况，这就会导致需求信息在传递过程中被层层放大，供应商库存成本增加，供应链运行速度下降。为应对供应链需求不确定性所带来的风险，供应商、生产企业和经销商之间往往通过建立紧密的协作关系，共享需求及预测信息，在一定程度上进行风险分担，提高供应链企业成员的绩效水平。

2.5 供应链中断风险研究概述

2.5.1 供应链网络复杂性

供应链网络复杂性是供应链网络研究领域研究的重点和热点，其研究思想受到了理论界和企业界广泛的重视，并取得了一定的研究成果。这里主要从供应链网络结构的复杂性、供应链网络的小世界特性与无标度特性、供应链风险传导的复杂性等三个方面进行阐述。

1）供应链网络结构的复杂性

供应链网络结构复杂性研究主要是从供应链网络结构的复杂性特征、复杂性影响因素、复杂自适应特性和复杂结构优化模型等四个方面展开的。

关于供应链网络结构的复杂性特征，Surana等（2005）应用非线性动力学、信息论和统计物理学分析供应链网络的演化性和自组织性，并探讨了节点之间的复杂关系[15]。Helbing等（2006）指出供应链网络是个复杂系统，具有一系列非线性的演化特征[16]。穆东（2006）指出，由于供应链网络的复合集成性，产生了大量的“涌现”现象，使供应链网络表现为非线性、动态性、整体性、层次性、涌现性等复杂系统的典型特征[17]。

关于供应链网络结构的复杂性影响因素，Pathak（2007）提出了复杂自适应供应链网络的概念，并指出其主要包含自适应性、网络拓扑结构、自组织行为和外部环境等四大构成要素[18]，并采用多智能体仿真方法对此进行了研究[19]。Bode和Wagner（2015）设计了多维复杂性概念模型，实证结果表明水平、垂直和空间三维复杂性导致中断频率呈增加趋势[20]。Bhat和Kumar（2017）构建了模糊ISM模型，分析供应链网络复杂性的影响因素，并对各影响因素进行了量化和识别，通过实例发现供应商的不可靠性、预测的不准确性、可见性和信息共享缺乏是主要影响因素[21]。

2001年，Choi和Dooley指出供应链网络是一个存在自组织、自适应、拟均衡、协作演化及非线性变化等特点的复杂自适应系统[22]。随后众多学者从复杂自适应视角对供应链网络的结构复杂性进行了大量研究和论证。Wycisk等（2008）分析了供应链网络的复杂自适应特征，并指出可通过提升网络的自适应性以应对供应链中断风险[23]。

基于供应链网络的涌现现象，学者们提出了供应链网络复杂结构优化模型，如超网络模型、复杂网络演化模型和复杂系统资源流模型等。Venkatasubramanian等（2004）分析了供应链网络的涌现现象，提出了“生存适应度”概念，并指出生存适应度的最大化能有效优化网络结构[24]。Nagurney和Toyasaki（2003）提出了超网络模型，并将其应用于供应链网络[25]。张纪会和徐军芹（2009）对适应性供应链的概念和初步模型框架进行了探讨，并建立了供应链的复杂网络演化模型[26]。白世贞和郑小京（2007）对Agent汲取的资源进行了界定，建立了供应链复杂系统资源流模型，并通过模拟仿真研究供应链资源之间的相互作用及涌现规律[27]。华连连等（2015）[28]和Tang等（2016）[29]针对供应链上下游企业间关系的特征，运用复杂网络理论，研究供应链的鲁棒性。

2）供应链网络的小世界特性与无标度特性

对供应链网络结构特性的研究主要是从小世界特性、无标度特性和两特性皆具备三方面展开的。

Albert等（2000）指出，众多的复杂系统均具有小世界特性[30]。范旭和马军海（2006）[31]、陈晓和张纪会（2008）[32]均指出供应链网络除具有一般复杂网络特性外还具有小世界特性。王振锋等（2011）通过分析发现，服务供应链具有典型的小世界网络特征，并提出重视服务供应链核心节点企业的建设、打破区域限制在全球寻求最佳合作伙伴、增强信息传播速度和可靠性等建设性建议以加强服务供应链建设[33]。赵炎和王琦（2013）以中国通信设备产业战略联盟为样本，利用社会网络分析和负二项回归的方法来研究战略联盟网络的小世界性对企业创新绩效的影响，实证结果显示，战略联盟网络的小世界性正向影响创新绩效，同时其影响存在明显的滞后效应[34]。刘纯霞、舒彤、汪寿阳等（2015）验证了供应链中断风险传导路径的小世界特性[35]。

Kühnert等（2006）通过对城市供电网进行研究，发现少数核心节点企业的配送能力和物资调度要明显优于其他节点企业，该城市供电网服从典型的无标度网络分布[36]。Golo（2015）通过实证发现，企业信用网络具有无标度网络结构特征[37]。孙军艳等（2015）通过对由供应商、电商平台及用户组成的B2C电商供应链的复杂性进行研究，发现B2C电商供应链网络和以制造商为核心的供应链网络均具有无标度特性[38]。Xu等（2016）应用复杂网络理论，对敏捷供应链网络的生长过程和结构复杂性进行了描述和分析，并构建了敏捷供应链网络的进化机制模型，研究结果表明，敏捷供应链网络亦具有无标度特性[39]。

李季明和张宁（2008）[40]、Sun等（2017）[41]通过搜集中国汽车零部件生产企业的信息，构建了中国汽车零部件及其生产企业的信息数据库，并应用复杂网络理论和方法分析了中国汽车零部件供应链网络的特性，发现并验证了汽车供应链网络具有典型的无标度网络特性和小世界网络特性。石海佳等（2009）应用复杂网络工具构建并分析了2006年我国有机化学工业原料供应链网络，对其结构特征进行了识别和判断，发现其具有小世界网络特性和无标度网络特性[42]。张轶和钱晓东

(2014) 应用复杂网络理论与方法对虚拟供应链进行了研究，通过度分布分析，发现该虚拟供应链网络具有小世界网络特性和无标度网络特性[43]。曹文彬和熊曦（2016）构建了复杂供应链网络的局域演化模型，验证了模型具有无标度特性和小世界特性，能很好地解释现实供应链网络在不同时期的演化机制问题[44]。

3）供应链风险传导的复杂性

杨康和张仲义（2013）验证了复杂网络理论可应用于供应链风险传导问题研究[45]。McFarland（2008）指出，供应链传导过程是企业间的行为从一个双边节点传播到相邻双边节点的过程，并通过实证证明了供应链传导现象的存在性[46]。Acuna-Agost 等（2011）为了更好地研究供应链风险传导的复杂性，提出了 SAPI 统计分析方法[47]。Świerczek（2014）指出供应链中断风险传导过程中的实物流和信息流可比为雪球效应，认为集成维度可减弱实物流和信息流的中断风险传导强度[48]。Feng 等（2014）指出风险可通过因果链条升级传导，从而导致不同的系统安全风险，并基于此提出了一种安全风险分析模型[49]。

Hassini（2013）对不同结构的供应链网络的风险演化过程的复杂性进行了定性分析[50]。Ying 等（2016）应用统计分析方法，探讨了供应链中断风险与不确定性之间的关系，研究结果表明，需求的不确定性和质量不确定性影响中断风险的大小，但不影响中断风险发生的概率[51]。Osadchiy（2016）等从行业和企业视角绘制了供应网络图，探讨供应网络结构对经济和公司销售的影响路径，生产决策中的系统性风险传播和供应链网络上下游的多订单聚集是销售和经济状况关系的主要影响因素[52]。

综合以上研究文献可以发现，关于供应链网络结构复杂性的研究主要从复杂系统典型特征、适应性供应链的概念和初步模型框架等方面展开，并通过模拟仿真研究节点企业之间的复杂关系，探讨了供应链网络的小世界特性与无标度特性，为从结构视角探寻供应链中断风险传导机理奠定了较好的研究基础。学术界对供应链风险传导复杂性的研究起步较晚，虽已验证了传导性的存在，但仍需进一步研究供应链中断风险传导过程的复杂性特征，对不同网络结构下供应链中断风险传导过程的复杂性也需要进一步进行定性分析和定量分析。

2.5.2 弱连接理论及其应用

Granovetter（1973）指出，社会现象可从节点间的连接方式和连接强度展开研究，首次提出弱连接理论，指出弱连接是两个行动者之间短暂的社会接触，比如业务伙伴、熟人或者那些不太熟知的人，可从互动频率、情感强度、亲密程度和互惠行动等四个维度的连接强度进行界定，即互动次数少、感情较浅、关系不亲密、互惠交换少为弱连接关系。此时的弱连接关系主要是指在不同群体中的个体之间形成的连接关系，由于个体之间异质性较强，其掌握的信息大不相同，故通过弱连接关系可将信息传递给不太熟悉的其他群体，起到“信息桥”的作用。弱连接关系的主要特点是连接强度高，在获得新的信息方面具有极大优势[53]。随后，诸多学者也对弱连接进行了概念界定，均认同弱连接是发生频率低、亲密度低的一类社会连接[54][55]。大量专家和学者也对弱连接关系的特点进行了探究，指出弱连接关系主要具有广泛性、异质性、中介性和非结构化等特点。Friedkin（1982）指出弱连接关系具有广泛性特点，这是因为形成弱连接关系的个体基数大，除了关系亲密的亲戚、朋友、同事等，其他人都有可能与自己形成弱连接关系。弱连接关系产生的概率非常高[56]。Liu 和 Duff（1972）指出弱连接关系具有异质性特点，即个体在文化、思想、教育、收入、爱好、社会地位等方面存在着较大的差异[57]。Ryberg 和 Larsen（2010）指出弱连接关系具有中介性特点，即可在群体之间建立纽带联系，维持着不同群体成员之间的联系[58]。Granovetter（1983）指出弱连接关系具有非结构化特点。弱连接关系较少是结构化的，可连接不同群体或子群，并向网络不同部分传递信息[59]。

此时，研究的关注点主要在个人层面，而较少考虑到企业层面。Granovetter（1983）对强弱关系理论进行完善与拓展，指出强关系通常出现在社团内部，起到巩固加强社团紧密关系的作用，而弱关系通常作为维系社团之间关联关系的“桥梁”。这种从网络拓扑角度定义强弱关系的方式，为后续社会网络中的相关研究奠定了基础[59]。之后，学者们开始将弱连接理论运用到企业层面。曾德明等（2015）研究了网络强度与企业创新的关系，证实了网络强度能有效促进企业创新，并进一步探讨了商业网络强度和技术网络强度这两种不同类型的网络强度对企业创新的影响，指出在东方文化背景下、在传统制造业或服务业中以及在发达地区，网络强度对企业创新的影响更显著[60]。姚小涛等（2008）将企业成长过程与资源依赖理论、社会关系理论相联系，指出社会关系能为企业成长提供社会资源基础，并在此基础上进行进一步研究发现，弱连接关系是企业成长过程中可以依赖的重要社会关系类型，强弱连接关系的重要性主要受限于企业的结构约束因素和组织因素[61]。

随后，弱连接理论被扩展到网络层次（如集群、供应链网络等）。曹杨毅等（2014）应用相似度分析方法研究了企业关系网络中的弱连接关系，通过实验发现，两家企业的产品与客户的相似度越高，这两家企业在未来使用的竞争策略的相似度也越高[62]。陈萍和彭文成（2014）利用进化博弈理论及方法，分别建立了强关系和弱关系企业网络中知识共享的对称博弈模型，分析了这两种关系下企业知识共享行为的演化机理，比较了其异同[63]。李彬等（2012）揭示了供应链中的“弱连接”供应关系，提出了三种“弱连接”供应链结构，分析了“弱连接”供应关系在供应链中的重要作用，即供应链中的“弱连接”强度，并基于此研究了构建并利用“弱连接”供应链结构应对突发事件的方法和供应链“弱连接”关系管理方法[64]。

自弱连接理论被提出以来，大量的专家和学者通过研究发现其具有无可比伦的优势。Small（2013）发现，人际交往网络离不开弱连接，人们更愿意利用弱连接关系探讨重要问题[65]。弱连接可在不同群体之间建立纽带联系，维持不同群体成员间的联系[58]，在自己群体内共享信息后，再流向其他群体，据此提供信息传递通道，输送冗余度低的新信息[66]，使信息传播速度更快、范围更广[67]，并在信息扩散方面占主导地位[68]。弱连接的最大优势是建立成本较低[69]，可增强权利、财富、创造力[70]。Boso等（2013）发现，网络连接关系有利于企业合作，并提升企业业绩[71]。弱关系越多，关系双方在社会阶层、地位等方面拥有的社会资源差异性越大，通过网络搜集到情报的机会就越多，情报的价值也越大。尤其是竞争中的某些敏感信息，常常掌握在少数关键人物手中，只有通过建立多级弱关系，才可能及时获得。Pagani等（2015）就合理利用弱连接关系提出了一种新的通信协议，并指出该协议能有效降低网络运行成本，且能更好地保护用户隐私[72]。林海芬和苏敬勤（2014）指出在知识传导方面，显性知识主要依靠弱连接关系完成由外向内的知识转移[73]。刘纯霞、舒彤和汪寿阳等（2015）指出，在供应链中断风险传导过程中，各节点企业应合理利用弱连接关系，并就如何引入弱连接关系给出了建议[74]。在经济转型期，企业可通过寻求建立一些非正式的社会关系（弱连接）来减少交易成本，降低经营风险[75]。企业亦可依据所有制结构、产业类型、规模等自身特性及需求差异调整网络关系强度[61]，因为，根据对变量连续与否的判定，网络关系强度为连续变量，可以进行弱化或强化调节[42]。

综上所述，自弱连接理论被提出以来，对它的研究是沿着“个人层次—企业层次—网络层次”这条主线层层展开的。目前，对弱连接理论的研究已在供应链网络层面展开，已有少量学者研究了供应链网络中的弱连接关系，探寻了弱连接关系在供应链中的重要作用，故弱连接理论可应用于供应链网络，分析网络特性，并进行关系管理，为供应链中断风险管理提供了全新的研究视角。

2.5.3 供应链中断风险的含义、来源、分类及影响

1）供应链中断风险的含义

对供应链中断风险含义的研究源于对供应链风险管理定义界定的研究。Tang（2005）将供应链风险划分为运营风险和中断风险，并指出中断风险是供应链外部环境所引起的风险，如自然灾害和蓄意事件等[76]。Jeng（2004）指出供应链风险的三大层次是组织间风险、组织内风险和应用层风险，而供应链中断风险属于应用层风险[77]。李彬等（2012）给出了供应中断风险的定义，指出牛鞭效应、中断风险的可传递性及参与主体具有互动博弈与合作性是供应中断风险的主要特点，并在此基础上研究了供应中断风险的管理方法[64]。马浩博等（2009）针对突发事件的特点，对突发事件下供应链风险管理的内涵进行了分析，然后从供

应链的采购过程、运输过程、储备过程三个方面对突发事件下应急供应链管理过程进行了研究[78]。

2）供应链中断风险的来源

供应链中断风险逐渐引起了企业界和学术界的关注，MIT运输与物流中心对此展开研究并探讨其来源[79]。Cranfield（2002）认为供应链风险源于各种不确定性因素，供应链企业的相互依赖性会使风险放大并波及整个供应链[80]。Zsidisin（2003）认为买方会遇到供应链风险，其来源于供应商的影响因子、市场特征和供应中断风险事件[81]。李彬等（2011）指出运营中的偶然事故、自然灾害、流行病的爆发、政治不稳定性、政府政策的影响、社会经济因素、相关社会报道或舆论等是供应链中断风险的主要来源[82]。Cavinato（2004）从物流、资金流、信息流、关系网和创新网等方面对供应链中断风险的来源进行了分析[83]。

3）供应链中断风险的分类

Kleindorfer和Saad（2005）基于1995—2000年美国化工业的事故数据提出了“中断风险管理”的概念，并对供应链中断事件展开分类并评估其影响，同时给出美国化工业的应对措施经验总结[84]。翟运开（2008）则基于企业间的合作创新构建风险传导概念模型和数理分析模型，提出通过预防控制和过程控制来加强对风险传导的管理[85]。叶厚元和尚永伟（2007）基于不同时期对企业风险传导进行了分类研究，指出其主要包含连续性风险传导、间歇性（或间隔性）风险传导、时滞性风险传导和周期性风险传导等四类[86]。赵钢等（2015）在考察分析供应链网络结构域组分特征的基础上，构建了供应链网络风险扩散动力学模型，该模型能反映供应链网络中的风险扩散机理，并可揭示供应链网络结构演进下的风险扩散特征变化[87]。Chapman（2002）在分析供应链脆弱性与风险类型的基础上，提出供应链中断风险的“3P”管理方法[88]。Elkins等（2005）也介绍了供应链资源协会的18条建议[89]。

4）供应链中断风险的影响

Chopra等（2004）提出包括供应链中断风险在内的9大风险，指出不同风险之间会相互影响，采取应对措施时要权衡风险投入与收益[90]。雷臻和徐玖平（2004）基于对引发供应链中断的突发事件进行管理的问题，提出相应的供应链应急管理机制[91]。陈剑辉和徐丽群（2007）引入弹性系数探讨供应链风险传导的影响，认为供应链的价格风险会沿下游方向逐渐减弱，风险助推剂会将风险逐渐并最终传递到风险宿[92]。Wilson（2007）运用系统动力学研究了运输中断对供应链性能的影响，发现运输中断对一级供应商和仓库的影响最大[93]。Zhang等（2015）对台风导致的港口运输中断经济损失进行了研究，发现总经济损失主要包含声誉损失、托运人损失、运输商损失和港口运营商损失等四个部分[94]。Ouyang等（2015）以中国铁路和航空公司系统为例，指出可从多个基础设施系统的互补关系出发，来缓解不同类型运输系统脆弱性影响[95]。周艳菊等（2006）基于供应链中断事件及其研究成果，从风险管理角度认为企业库存降低会增加供应中断的可能性，但供应链形式的改变也可能减少损失[96]；而Kull和Closs（2008）则基于库存和资源依赖性理论下的二层供应中断事件，认为在层级供应链中提高库存有时会增加风险[97]。Boisvert等（2012）以美国手足口病为例，应用GTAP方法（即全球经济多地区、多部门均可计算出的一般均衡模型），对食品生产大规模中断后造成的经济影响进行了预测[98]。范建昌等（2014）主要研究了需求风险与汇率风险是如何在供应链中进行传导的，发现需求风险和汇率风险可以通过供应链节点企业之间的策略性行为在供应链中进行传导，并影响节点企业的业绩，这就要求企业应更系统地看待供应链中断风险[99]。

通过整理相关文献发现，供应链中断风险一词虽被多次提及，但目前还没有形成一个统一、确切且被大众认可的定义。相关研究要么从具体案例或风险来源视角进行分析，要么从某一类中断风险进行分析。本书在整理和汇总相关文献的基础上，提出供应链中断风险是指由供应链时空动态变化与外界环境扰动所导致的供应链网络运营出现中断的可能性。综合以上研究文献可以发现，对供应链中断风险的来源、分类与影响的研究，多基于公共事件或从宏观层面展开讨论，而实务中供应链企业的微观过错或失误也可能导致供应链中断，不同类别的供应链企业所引发的中断风险也会有所不同，在内生与外生层面上的表现亦不一致。

2.5.4 供应链中断风险传导构成要件

对供应链中断风险传导构成要件的研究主要是从供应链中断风险传导要素、供应链中断风险传导路径和供应链中断风险传导过程等三个方面展开的。

1）供应链中断风险传导要素

在供应链中断风险传导要素方面，国外文献较少涉及，相关文献主要是从整体与全局关系、关键要素提炼和动态变化三个方面展开研究的。

一部分专家与学者侧重于对整体与全局进行分析。石友蓉（2006）指出风险传导要素主要包含风险源、传播载体、传播节点和风险接受者四类[100]。陈爱早（2009）通过分析得出，供应链中企业财务风险传导要素主要包含风险起因、传导载体和导火索[101]。程国平和邱映贵（2009）指出，风险发出者、风险助推剂、风险传导载体和风险接受者是风险传导成功必须具备的四个基本元素[102]。李刚（2011）指出，供应链风险传导要素主要包括风险源、传导介质、传导节点、风险接受者四个基本构件[103]。Cheng 等（2008）提出了一个供应链网络风险分析框架，指出供应链网络风险传导要素主要包含前置条件、风险事件、传播路径和产生的影响[104]。

还有一部分专家与学者侧重于从诸多要素中提炼出关键要素。叶厚元和邓明然（2007）从风险传导的诸多要素中提炼出企业风险传导常见的五大重要介质：政策介质、资金介质、价格介质、技术介质和汇率介质[105]。陈志（2010）指出企业风险传导的关键要素主要包含风险源、风险流、风险载体、风险事件与风险子系统，并阐述了关键要素之间的逻辑关系[106]。万幼清和胡强（2015）对产业集群协同创新风险传导相关概念进行了界定，并深入分析了风险源、风险流、风险传导载体和风险阈值等产业集群协同创新风险传导关键要素[107]。

另有一部分专家与学者侧重于从动态变化的角度分析。翟运开（2007）构建了风险传导概念模型，并分析了风险传导的静态和动态要素，静态要素主要反映独立于风险传导过程之外的因素，而动态要素主要反映风险本身的传导属性[108]。张剑光（2011）也将供应链风险传导的要素分为动态要素和静态要素两大类，风险流、风险属性变化、风险传导规律和效应是最主要的动态要素，风险源、风险发出者、传导载体、风险接受者、触发器、传导阀和传导路径是最主要的静态要素[109]。可见，学者们对风险传导的静态和动态要素界定的视角完全不同。

2）供应链中断风险传导路径

对供应链中断风险传导路径的研究，国外文献较少涉及，相关研究主要是从时间变化角度、空间变化角度、灾害传导角度和过程角度展开的。

从时间变化角度，程国平和刘勤（2009）建立了供应链风险传导路径动态变化模型[110]。邓明然和夏喆等（2006）注重风险在企业间传导过程中是否发生耦合，探讨了稳态风险传导和非稳态风险传导的基本特征和传导机理[111]。孙国强、邱玉霞和李俊梅（2015）基于网络组织风险传导具有路径依赖性的特征，利用泛函分析从时间维度推演风险传导的动态演化过程，构建网络组织风险传导路径模型，发现探寻疏通渠道、实现资源有效配置至关重要[112]。

从空间变化角度，刘志学、张艳和郑长征（2012）研究了供应链提前期风险在链状供应链上的空间传导路径，构建了供应链提前期风险空间传递模型和供应链提前期风险控制机理，以有效度量与预测供应链各节点企业的提前期风险和供应链整体提前期风险[113]。

从灾害传导角度，戴胜利和李迎春（2017）从灾害发生的自然路径与社会路径视角，基于东日本9级大地震的案例，分析了次生灾害传导的主要路径，其中自然路径包括地质地形路径、自然风向路径、季节性洋流路径、动物迁徙路径，社会路径包括“鸵鸟政府”传导路径、社交媒体及网络舆论传导路径、跨国贸易传导路径[114]。

从过程角度，李林和孙军华（2014）在风险传播过程中引入个体处理冲突信息的三种行为方式，并在大规模社会网络上进行了不同行为方式传播模型的对比研究[115]。马丽等（2007）研究了供应链风险的传递机制，并指出根据风险传递方向的不同，可将供应链风险传递路径分为正向型传递路径、反向型传递路径和辐射型传递路径三类[116]。程国平和邱映贵（2009）将供应链中断风险传导路径分为链式传导路径和网络式传导路径两种模式，其中链式传导路径可分为正向传导路径和反向传导路径两类，网络式传导路径可分为交互式、集中式和中心辐射式三类[102]。李刚（2011）将风险传导路径分为链式、辐射式、集中式与交互式四种[103]。万幼清和胡强（2015）依托于产业集群协同创新的系统运作过程，深入研究了产业集群技术协同创新、管理协同创新和制度协同创新过程的风险传导路径[107]。

3）供应链中断风险传导过程

对供应链中断风险传导过程的研究主要是从中断风险传导分期或分阶段角度展开的。叶厚元和洪菲（2010）将风险比作有机体，总结了不同生命周期阶段的风险传导特点[117]。祝江斌等（2006）将城市重大突发事件的传导过程分为潜伏生成期、显现与爆发期、持续演进期、消解减缓期和解除消失期等五个阶段[118]。孙琦和季建华（2012）将供应链中断风险传导过程分为预防阶段、控制阶段和应对阶段等三个阶段，以快速实现中断恢复[119]。陈长坤等（2008）将灾害信息传播过程分为四个阶段[120]。刘军荣（2009）研究了突发事件变革周期，将变革周期分为外部环境感知的初始阶段、适应外部变革的生存阶段、内部变革的复苏阶段、度过危机的持续运转阶段和稍事休息阶段等五个阶段[121]。万国超和曹邦英（2018）基于中小企业集群治理的复杂性特征，将中小企业集群治理风险传导过程分为酝酿期、爆发期和缓解期三个阶段[122]。

综合以上研究文献可以发现，虽然已有文献针对传导要素、传导路径与传导过程进行了阐述，但很少从供应链中断风险角度探讨传导要素、传导路径与传导过程，尤其缺乏对供应链中断风险传导要素及传导路径的理论基础及理论模型的研究。

2.5.5 供应链中断风险识别与评估

1）供应链中断风险识别

供应链中断风险识别是管理供应链中断频率和影响的重要步骤，相关研究主要是从理论研究和方法创新两个方面展开的。

随着现代企业从仓储观点向基于进程供应链观点的转变，企业在逐渐建立了优势的同时也面临着新的风险源。相关理论研究是从识别风险源—风险识别框架构建—理论体系完善层层展开的。田虹和崔悦（2018）对供应链风险形成机制进行了分析，指出可通过构建长期合约机制、事前选择机制、合理的利益分配机制和有效的信息分享机制创新供应链风险共同防范机制，有效识别风险源，科学应对供应链中断风险[123]。樊星、邵举平和孙延安（2016）构建了一套农产品供应链的风险识别框架模型，用以识别供应链内外部及衔接阶段的风险因素[124]。朱传波等（2014）应用情景决策理论研究不同风险特征下的供应中断风险应急管理活动，即在识别供应中断风险应急管理绩效的关键特征维度的基础上，刻画风险与应急情景维度，并建立不同情景下的应急范式[125]。

Trkman 和 McCormack（2009）提出供应风险识别与预测的新方法[126]。Neiger 等（2009）提出一种以价值为主的进程工程来识别供应链中断风险，以提升供应链及其成员绩效[127]。Ellis 等（2010）则从行为风险理论出发，从供应链采购中断角度构建产品与市场因素模型并进行检验，认为判断供应中断的可能性对供应链风险识别非常关键[128]。杨青等（2015）综合运用免疫学理论、复杂适应系统涌现理论和计算实验技术，提出了风险识别器抗体向非常规突发事件抗原进化的理论，构建了风险识别的亲和度、抗原清除效果、风险识别器数量和能量等识别标准体系及模型，采用识别亚非常规突发事件和各类事件组合关系以及它们的涌现来无限接近地认识非常规突发事件[129]。张浩和王明坤（2016）对 O2O 模式下供应链失效风险的关键影响要素进行了研究，根据各影响要素之间的因果关系构建 O2O 模式下供应链失效风险识别模型，并进行了仿真研究[130]。

2）供应链中断风险评估

供应链中断风险评估的相关研究主要是从理论研究和方法创新两个方面展开的。

理论研究主要是从宏观分析、理论指标体系构建、概念框架构建等方面展开的。Harland等（2003）将供应链风险管理过程分为识别风险、估计风险、制定风险控制规划、实施规划等几个循环过程，建议构建早期的供应链中断预警、评估与管理框架[131]。刘秋生和张洁（2012）从环境风险、供应需求风险、合作风险、资金风险和信息风险等五个方面构建了基于突发事件的供应链风险指标体系，并运用模糊熵法建立了基于突发事件的供应链风险识别模型[132]。Kleindorfer（2005）借助美国化学工业事故数据提出一个评估和降低供应链中断风险的概念框架[84]。Kleindorfer等（2012）指出虚惊事件管理已成为企业风险管理的一个有机元素，其对灾难风险进行评估，并通过引入“潜在安全利益损失”这一全新概念分析了潜在行业损失[133]。Wu等（2012）通过建立离散时间模型描述全网范围的系统中断特点，并对具有装配结构的供应链网络进行了绩效评估，通过开发新的迭代方法应对销售中断和延迟订货中断。结果表明，当面临销售中断和延迟订货中断时，下游可靠零部件供应商具有更好的系统性能[134]。

Wu等（2006）基于供应风险因子，提出一个层次式供应风险因子分类与评估模型[135]。Schoenherra等（2008）则对美国制造企业采购决策下的供应链中断风险进行评估，结合行动研究和层次分析法发现17种风险因素并对其进行分类，提出了一个基于实证研究的供应链中断风险因素评估模型[136]。徐娟和章德宾（2012）结合生鲜农产品供应链的特点和过程，将生鲜农产品供应链突发事件风险分为农户生产风险、运营风险和需求突变风险等三类，构建了生鲜农产品供应链中断风险评估模型[137]。Wu和Olson（2008）使用风险评估模型模拟三级供应链风险及概率分布，所构建的新模型可让企业决策者在预期成本、质量水平和发货时间上进行权衡[138]。现有文献很少研究设施设防对提升网络可靠性的影响，Li等（2013）提出了两个可靠分销网络模型（均为非线性整数规划模型），验证了拉格朗日算法的有效性，对设计方案的有效性也进行了评估[139]。张晴和胡丹丹（2018）设计了基于多代理的供应中断风险监测和评估流程，对代理的层次及交互进行了描述，并利用JADE平台对系统进行了初步的构建和模拟运行[140]。李卫江等（2016）以日本东南海地震为情景，以日本丰田汽车及其关联企业为例，基于工厂个体数据及其部件供应的拓扑和空间网络，模拟灾害风险在产业网络中扩散转移的过程，建立直接损失与间接功能损失的评估模型，为产业空间网络风险评估提供新的思路和方法借鉴[141]。舒彤等（2014）构建了一套供应链风险评估体系，将基于支持向量机的机器学习算法运用到供应链风险评估中，得到了供应链风险评估模型并进行了实证研究[142]。

综合以上研究文献可以发现，供应链中断风险识别是供应链风险管理的重要环节，已有的基于供应链进程、企业价值和行为风险理论等方面的研究成果，主要是从识别风险源、构建风险识别框架、设计风险识别模型和完善理论体系等方面展开的，但尚处于起步阶段。在供应链中断风险评估方面，有从宏观分析、理论指标体系构建、概念框架构建和评估流程设计等方面进行的理论研究，也有从评估模型方法改进方面的方法创新，但由于新方法暂未被广泛应用，其适用性、有效性和可重复性仍有待检验。

2.5.6 供应链中断风险管控

Zsidisin（2003）对经营、生产力约束、产品质量、生产技术变化等风险及灾害风险进行分析，认为可使用多种策略和技术来最小化供应中断风险及其影响[81]。对于供应链中断风险管控，可应用库存管理策略、生产管理策略、应急采购策略和中断恢复策略，积极进行需求预测管理，采取有效的协调方法，增强供应链弹性，减少中断风险损失，增强中断风险抵御能力。

1）应对供应链中断风险的库存与生产管理策略

库存策略是应对供应中断风险最常见的一种策略。为提高供应的保险系数，企业可能会采取双工或多工模式，即从一个以上的供应商中订货，就此学者曾研究企业在两个供应商间确定订货批量及其对库存策略的影响，建立供应模型并进行分析[143]。Parlar（1997）假设随机需求和前置时间，研究机器故障、工人罢工等事件发生时的库存管理问题：将供应扰动表示为Markov过程，当供应中断时通过构造时间段平均成本的目标函数，分析得出最优库存[144]。李志和周愉峰（2014）考虑中断风险，基于非线性0-1整数规划方法构建了一个有容量约束的设施定位-库存模型，采用遗传算法予以求解，通过算例分析证明了遗传算法的有效性[145]。李振国和王琪凤（2014）研究了带有中断风险的多个供货商库存问题，建立了利润最大化模型，证明了目标函数的凹性，得出了最优订货量的充分必要条件[146]。马祖军和周愉峰（2015）构建了一个有容量约束的选址-库存问题优化模型，设计相应的遗传算法予以求解，算例分析结果表明：在分销网络设计阶段考虑设施中断风险和防御，能显著降低将来可能发生的应急成本[147]。

Li和Chen（2010）研究了由一个供应商、一个零售商和差异化客户组成的单一产品的库存系统，通过建立库存系统仿真模型探讨其对供应中断（持续时间和频率）和客户分化的影响[148]。Sargut和Qi（2012）对随机中断下的两级供应链的连续库存问题进行了研究，识别了优化成本函数的性能，比较了最优订货量与古典经济订货批量，在此基础上对优化方案进行了灵敏度分析，探索在何种条件下零库存订购政策应被优先考虑[149]。Atasoy等（2012）考虑了非平稳供应中断和提前供应信息（ASI）的生产/库存问题，展示了ASI的价值，将系统成本分为固定订货成本、持有成本和延迟订货成本。当没有固定订货成本时，对最优订购水平的各种性能进行了证明和描述，当存在固定订货成本时，提供了启发式算法以找到恰当的订购策略[150]。Xanthopoulos等（2012）对双重采购的供应链网络提出了一般单期（报纸经销人类型）库存模型。此模型对不同风险偏好的决策者和不同类型的中断均适用，发现无约束和服务水平约束这两种情况对应的供应链均易受中断风险影响[151]。

Abboud（2001）基于Markov链提出生产存储系统模型[152]。Li等（2004）指出不可预知事件可能导致供应中断并影响生产存储系统，可通过建立周期检查库存系统来应对随机需求和不稳定供应[153]。Xiao和Yu（2006）研究了突发事件导致的需求变化以及原料供应中断时，利用博弈论方法给出集权供应链中零售商的最优策略[154]。对于制造商和零售商的随机库存控制问题，Taskin和Lodree（2010）以飓风预报为基础构建多阶段库存采购和生产决策控制随机模型[155]。Huang等（2013）对生产成本中断下集中和分散两级供应链的定价和生产问题分别进行了研究[156]。Hishamuddin等（2013，2015）构建了交通中断下的生产与库存两阶段恢复模型，发现在恢复期能确定最优订购数量和生产量，并确保总成本最小[157][158]。Moinzadeh和Aggarwal（1997）在确定的生产和需求函数下，运用（s，S）生产策略研究不可靠生产存储系统，获取应对供应链中断的最优方案[159]。Xia等（2004）基于最佳生产批量模型，提出供应链中断风险的解决方案[160]。

Huang等（2013）发现集中供应链和分散供应链对应的生产成本中断的鲁棒性范围完全相同。集中情况有利于高层决策者及时采取措施和修正战略以应对中断，分散情况则取决于阈值[156]。Yang等（2009）构建了由一个制造商和一个供应商组成的供应链系统，供应商的可靠性或高或低，且属于其私有信息，一旦发生供应中断，供应商可选择接受制造商的缺货惩罚或者启动后备生产满足制造商订单；研究了信息不对称条件下的合同设计和供应商策略选择，他们发现信息不对称可能会导致可靠性较低的供应商停止采用后备生产，而可靠性较高的供应商可继续使用，同时制造商也可能停止向可靠性低的供应商订货[161]。Schmitt和Singh（2012）研究了当唯一的供应商中断供应时采取备选工厂进行生产的策略，并与生产柔性策略进行了对比分析[162]。

综合以上研究文献可以发现，应对中断风险的库存策略主要是安全库存数量的确定、库存选址问题、固定费用对库存决定的影响、联合库存决策以及多阶段库存决策问题。针对不同的供应链类型，库存决策会受不同因素的影响。企业也可以通过采取双工模式、多工模式和后备生产等方式来应对供应链中断风险。因此，在使用库存策略和生产策略应对中断风险时需综合考虑多种因素。

2）应对供应链中断风险的应急采购策略

Smeltzer（1998）从采购管理角度，使用交易成本理论和资源依赖模型进行分析，指出主动积极的采购管理是供应中断风险管控的策略之一[163]。Feng等（2017）提出了一种动态模型，研究零售商的紧急采购策略，发现最优的供给稳定性和最优的采购策略具有二次成本函数，应急采购是降低供应链中断风险的有效方法[164]。Tomlin（2006）指出，如果备份供应商能很好地满足需求，则应急或备用采购能有效地缓解供应中断风险[165]。

部分学者将供应商区分为两类：一类是主要供应商，其特点是价格低但易受随机中断影响；另一类是备份供应商，其特点是价格要高一些但完全可靠。基于这种分类，学者们就两类供应商比较分析、备份供应商是否启用、备份供应商何时启用等进行了大量研究。Schmitt和Snyder（2012）基于产出不确定性和中断提出了存货管理模型，指出早期的单期报童模型的不足，并确定了两类供应商的最佳订货和储备数量，指出选择不当将导致成本增加、扭曲订货数量及导致缓解策略错误[166]。Pal、Sana等（2012）为处于不同销售季节的多个市场开发了一个有限产能供应链模型，对两类供应商进行了研究，通过考虑批量订货这一决策变量，对其单位产品的整合期望成本进行了最小化分析[167]。Qi（2013）假定零售商可从两类供应商订货，从零售商角度研究了最佳采购和补给决策，并对影响最优决策的参数进行了分析[168]。高佳和王旭（2016）在同时面临随机产出和随机需求的供应链中，引入基于现实应用设计的具有声誉效用机制和信任机制的承诺契约，同时考虑紧急采购，建立多重不确定关系型供应链决策模型[169]。颜荣芳和陈玲（2016）研究了由两个制造商与两个零售商组成的两级供应链在供应中断情况下的订购和生产决策问题，给出了最优订购和最优生产策略[170]。李新军、王建军和达庆利（2016）就供应中断情况下是否启用备份供应商进行了应急决策分析，通过研究发现：推式模式下战略供应商的订货量较大，当战略供应商可靠性系数有保障时，制造商会放弃使用备份供应商；推拉结合模式下备份供应商的能力预定量较大，可有效提升制造商利润[171]。于辉和王念（2018）运用供应中断管理和“双边际效应”理论，研究了供应中断背景下零售商面对双供应商系统的选择决策问题，发现双供应商系统下的“双边际效应”对企业定价、订货决策存在扭曲现象，进而使供应链绩效受损[172]。

部分学者从多渠道采购视角进行了大量研究。电子商务环境下生鲜供应链系统需求中断频发，为提高其应对风险的能力，王远锦和于婷（2015）构建了一个由生鲜供应商和电子商务销售商组成的两级生鲜供应链系统，建立集中系统和分散系统的需求中断模型，研究供应链成员的决策行为，探讨建立需求中断风险的协调控制机制[173]。Zhang和Liu（2016）研究了团购的定价和排序的影响，并考虑了零售商能否提供满足所有随机需求的紧急采购的情况，在竞争市场中对短期生命周期产品的定价和排序的联合决策。结果表明，零售商往往更倾向于在单一渠道进行团购，这也是由于紧急采购而导致的竞争零售商的双重渠道[174]。Lin等（2016）通过传统采购和灵活采购相结合的方式，建立了政府与企业（供应商）之间的应急物资联合储备合作[175]。

部分学者从采购时间、供应商过程改进、采购方式、供应的可靠性、期权合约机制等方面进行了大量研究。Huang等（2016）指出，当制造商面对的是不可靠的供应商时，可通过制造商或供应商发起的过程改进提高私有可靠性，并为这两种机制推出了最优的采购合同，发现供应商的过程改进可以加速或延迟双源采购的执行[176]。Kumar等（2017）研究了零售商如何在与其他零售商竞争更可靠的供应链的同时，利用定价决策以及在混乱风险下的采购策略，通过研究发现，零售商在享受采购成本优势和市场潜力的同时，更注重供应的可靠性[177]。闫晓军等（2016）提出了基于多变量统计过程控制（MSPC）的物资采购风险综合分析模型，该模型可从全局角度控制企业物资采购风险[178]。

综合以上研究文献可以发现，紧急采购是应对供应链中断风险的有效措施。相关研究主要焦聚于多渠道采购和多供应商采购。关于多渠道应急采购方面的研究主要包含电子商务采购、单一渠道采购、混合渠道采购、传统采购和灵活采购相结合等应急采购模式。关于多供应商采购方面的研究主要包含两类供应商比较分析、备份供应商是否启用、备份供应商何时启用等方面。相关研究主要从采购时间、供应商过程改进、采购方式、供应的可靠性、期权合约机制等方面着手，帮助企业缓解或转移供应链中断风险。通过研究还发现，应急采购可能导致库存积压或库存不足，少数文献研究了此种情况下的供应链协调问题，在共同承担库存积压和库存不足风险的基础上进行供应链集中决策，可以实现供应链整体利润最大化。

3）应对供应链中断风险的需求预测管理方法

目前，关于需求高度不确定性条件下的供应链中断风险预测问题的研究相对较少，相关文献主要从灰色预测模型、神经网络和其他三个方面展开研究。

20世纪80年代，邓聚龙提出灰色系统理论[179]，其研究对象是部分信息已知，部分信息未知的小样本、贫信息的不确定性系统，具有建模过程简单、建模表达式简洁等优点，被广泛应用于经济、农业、水利等领域，但仅适用于变化速度平稳的时间序列，尤其是当数据序列波动性较大时，其预测结果的误差较大，很多学者对此进行了改进。一部分学者从灰色预测模型自身进行改进[180][181]。一部分学者尝试与其他理论或方法进行结合建立新的组合模型，如与粒子群方法[182]、DEMATEL方法[183]、不确定性理论[184]、多变量模型[185]、模糊数学[186]、神经网络[187]和马尔科夫方法[188]等进行结合。

神经网络（neural networks）为大规模并行的非线性动力系统[11]，处理非线性问题能力较强，其中以误差反向传播（back propagation，BP）算法应用最为广泛，同样也被广泛应用于经济、农业、水利等领域，但有运行时间较长且易陷入局部极小值等缺点，故常用的做法是将两个或两个以上的理论结合起来建立组合模型[22]。灰色神经网络预测模型正由此产生，灰色预测模型与神经网络的结合应用，能较好地处理非线性问题，在应对不确定需求问题时，可以较大程度提高预测精度[15][24][25]。

Hendricks和Singhal（2003，2005）[189][190]主要利用上市公司数据研究供应链中断风险和不确定性因素对公司效益的影响。李景峰和张晋菁（2015）利用系统动力学的方法建立了随机需求下零售商利润的基准动态模型，给出了考虑供应中断的情况下，供应方案的优劣对比及其动态过程，为解决在供应链中存在的中断扰动问题提供了理论依据[191]。王远锦和于婷（2015）构建了一个由生鲜供应商和电子商务销售商组成的两级生鲜供应链系统，建立集中系统和分散系统的需求中断模型，研究供应链成员的决策行为，探讨建立需求中断风险的协调机制[173]。Qi等（2004）针对线性需求下的供应链，在市场需求中断或发生变化并带来线性偏离成本时，研究通过对数量折扣契约的调整来实现供应链的最优应对策略[192]。杜文意、唐小我和艾兴政（2017）就资金约束的零售商如何利用融资服务应对供应中断风险进行了探讨，构建了供应链外源融资订货模型，研究零售商最优生产决策以及银行最优利率问题。研究发现，零售商的订货量、努力水平均是初始资金的增函数，银行利率水平会随着初始资金的增大先增大后减小[193]。舒彤等（2015）考虑到需求具有不确定性及供应中断，构建了三级供应链，通过期权合同与回购合同协调实现供应链协调[194]。

灰色预测模型与神经网络的结合应用，能较好地处理非线性问题。但在组合时，BP神经网络输入层神经元（来源于灰色预测模型）个数的选取要么固定为1，要么随意设定。这种做法可以控制神经网络预测模型内部的误差，却并没有同时控制灰色与神经网络预测模型的误差，这就会导致总误差不能得到最佳控制。由于产品需求具有高度不确定性，供应链中断预测问题暂时没有好的解决方案。

4）应对供应链中断风险的协调方法研究

藕节型供应链存在物流、信息流与资金流的相对滞后，这就需要建立基于中断风险管理的供应链以提升能力与绩效水平[195]；中断风险是供应链效率降低的一个重要因素，对此可建立供应链风险管理系统与流程，以迅速发现中断风险[196]，协同处理企业、供应商和零售商[197]，达到供应链快速响应、提高竞争力的目的。刘建等（2007）通过模糊数学方法并结合数据库技术建立模糊查询模型，以帮助企业管理者对供应链中断风险做出正确决策[198]。Sawik（2011）提出通过投资组合方法管理供应中断风险，并应用金融工程中的两个流行百分比（VaR和CVaR）管理供应中断风险[199]。Sawik（2013）再次提出投资组合方法，增加了供应链中断风险下合并选择、保护部分供应商和订货批量分配，其保护决策包括提前部署紧急库存零部件给受保护的供应商，以防止自然或人为中断事件，保持不间断供应[200]。杜少甫等（2012）构建了报童背景下的分析模型，揭示了潜在突发危机对供应链成员的事前决策与博弈均衡结果的影响[201]。李新军（2015）研究了在供应商发生突发事件而导致供应中断的情况下，制造商所采取的供应应急管理系统结构以及运作管理策略，并提出了供应应急运作系统框架下的供应应急管理措施[202]。

需求突然发生变化会对二级供应链产生影响，Xu等（2003）就此基于数量折扣契约提出集权与分权供应链的最优应对措施[203]；王虹和胡劲松（2006）也提出三级集权与分权供应链应对突发事件的最优策略[204]。Xiao等（2005）指出供应链突发事件导致需求变化时，制造商可以依靠改变批发价和折扣率来协调供应链，只有当投资敏感系数的变化超过一定范围时，制造商才需变动产量[205]。曾繁慧和王洪丽（2007）针对突发事件下零售商面临需求分布扰动、供应链协调被打破的问题，提出以数量折扣契约应对的措施[206]。同时，于辉、陈剑和于刚（2005，2006，2007）对供应链突发事件管理中的协调方法研究有重要贡献[207]~[210]。

李永新（2006）针对突发事件中的供应链车辆路径问题，通过建模并利用遗传算法得出最优解[211]。Tapiero（2007）利用Neyman-Pearson框架进行突发事件处理和质量控制，认为供应链企业对后果的承担程度取决于成员的组织结构、动机和权力之间的关系[212]。Scheller-Wolf和Tayur（2009）基于非平稳Markov生产库存模型提出一种协调机制，使供应链供求关系相匹配并使整体供应链绩效更高[213]。Tuncel和Alpan（2010）利用定时Petri网模型模拟和分析供应链中断风险，结合个案和供应链业绩评估研究，指出协调行动可提高供应链业绩并使系统成本降低[214]。

Cao等（2013）构建了既有别于传统静态协调模型，又有别于仅包含需求中断或成本中断的传统协调模型的协调机制模型，充分考虑了收益共享、共享契约参与者和惩罚成本，对中断情况下的集中决策模式和分散决策模式分别进行了讨论，认为中断可能影响生产成本偏差、订单数量、批发价格及收益共享契约[215]。Schmitt和Singh（2012）就没有需求中断、仅有一个需求中断和有两个需求中断三种情况探讨了其协调机制，指出当出现需求中断时，保持原有的收益共享合同对供应链合作伙伴是有害的，需调整原有合同以应对需求中断[162]。曹二保和赖明勇（2010）分析了由一个供应商和n个竞争零售商组成的供应链系统的协调问题，证明了改进的收益共享合约可协调需求和成本同时扰动的分权供应链[216]。刘德海和义苏烨（2014）构建了群体性事件应急处置的社会调解、信息预警和警力防御的优化模型，分析了多种应急处置措施的最优方案，并进行了数值分析[217]。Yoo等（2010）利用巢式划分法，提出使用最优预算分配法来减少供应链中断模拟量，以通过离散事件模拟来提高供应链优化效率[218]。

综合以上研究文献可以发现，信息技术对协同应对供应链中断风险有帮助；当供应链中断风险导致需求变化时，制造商可以通过改变价格及折扣率来协调供应链，也可通过新的投资来扩大产量；供应链上企业对中断风险的承受程度取决于成员的具体状况。

5）应对供应链中断风险的中断恢复策略

Tomlin（2006）研究了一个生产单一产品的企业，认为供应商正常运行时间比例和中断性质（频繁发生但时间短和极少发生但时间长）是实施最佳策略、价值缓解和应急策略的关键决定因素[165]。在处理供应链中断风险时，需要高级别的控制与协作机制。对此，Kumara和Wainer（2005）提出一种基于事件和状态的供应链工作流过程模型，运用于供应链中断时的恢复[219]。Adhitya等（2007）则提出供应链中断情况下的重组模型，以解决供应链恢复方案的完整性和功能的灵活性[220]。蔡政英和肖人彬（2014）分析不同灾害事件的交互影响机制，并建立了可变结构的弹性制造模型，量化分析供应链中断风险下的弹性恢复机制[221]。卢梦飞等（2015）研究了供应链中断风险下的鲁棒优化设计，将应急策略融入供应链网络设计中，建立了基于多场景、多时段、单一产品的鲁棒混合整数规划模型，并验证了该方法的有效性[222]。王效俐和张默（2013）指出，物流服务供应链中断会导致服务失误，对供应链参与者合作补救意愿形成的影响因素进行了分析，并对此建立了解释结构模型，就合作补救策略进行了研究[223]。

为获得成本优势和市场份额，许多企业进行组织与生产创新，Sheffi等（2005）指出可通过构建弹性供应链以应对中断风险[224]。孔繁辉和李健（2018）从供应链弹性分析的角度，构建了可变结构的弹性控制系统，并提出了能有效提升供应链弹性的深度学习机制，能较大程度减轻企业中断风险损失[225]。Tang（2006）基于供应链中断风险定量模型，针对外包制造和产品多样性所带来的供应链体系脆弱性问题，提出一个供应链风险控制框架[226]。在复杂供应链系统的网络结构形态下，基于复杂网络的静态拓扑连接特性，辛玉红和孙延明（2017）提出了一种以列昂杰夫矩阵及其欧几里德范数作为度量供应链鲁棒性指标的新方法，以增强供应链抵抗风险的能力[227]。Park和Hong（2013）提出“虚拟双供应链”，以提高供应链的可移植性[228]。Knemeyer等（2009）运用保险业的创新方法来量化供应链中断风险，基于风险分析模型提出供应链中断风险处理过程[229]。借助Moreau-Yosida方法，可通过构建随机模型解决多级全球供应链网问题，以达到最大利润和最小风险的目标（Goh等，2007）[230]。Liu等（2007）提出以时间Petri网来处理供应链中断风险，指出可对参数值采用敏感分析法来研究企业绩效[231]。

Oloruntoba（2010）针对澳大利亚热带气旋“拉里”事件，提取事件处理链和事件处理中的成功因素，指出人性化供应链中断恢复应采取的方法[232]。舒彤等（2015）针对生产状态随机情况，建立了生产中断下的两级生产库存恢复模型，运用启发式算法，在中断恢复期间得到了最佳的恢复时间以及生产与订购批量；利用算例对主要参数进行了敏感性分析，证明了模型的有效性[233]。Khademi等（2015）以地震多发城市德黑兰为例，分析了运输网络脆弱性，指出灾后旅游需求具有高度不确定性，不能用传统分析方法解决预测问题，并提出了运输恢复方法[234]。Ouyang等（2015）以在中国铁路和航空公司系统为例，从多个基础设施系统的互补关系出发，来缓解不同类型运输系统的脆弱性[95]。

综合以上研究文献可以发现，对于供应链中断的恢复，企业需要考虑多种因素，以达到中断前的状态。为了应对供应链中断风险，需要对协作工作流进行高级别控制，量化分析弹性恢复机制，提出供应链中断风险控制框架，保障恢复方案具有完整性和功能灵活性，较大程度减少企业中断风险损失，增强中断风险抵御能力。

2.6 本章小结

本章从系统理论、多米诺骨牌理论、能量释放理论、供应链的需求不确定性原理等方面阐述了本书的基础理论背景。本章检索了国内外有关供应链网络复杂性，弱连接理论及其应用，供应链中断风险的含义、来源、分类及影响，供应链中断风险传导要素，供应链中断风险传导路径，供应链中断风险传导过程，供应链中断风险识别与评估及供应链中断风险管控的相关文献，对其进行了文献综述。供应链网络复杂性文献主要从供应链网络结构的复杂性、供应链网络的小世界特性与无标度特性、供应链风险传导的复杂性等三方面进行阐述，文献从复杂系统典型特征、适应性供应链的概念和初步模型框架等方面分析了供应链网络结构的复杂性，探讨了供应链网络的小世界特性与无标度特性，为从结构视角探寻供应链中断风险传导机理奠定了较好的研究基础。学术界对供应链风险传导复杂性的研究起步较晚，虽已验证了传导性的存在，但仍需进一步研究供应链中断风险传导过程的复杂性特征，对不同网络结构下供应链中断风险传导过程的复杂性也需要进一步进行定性分析和定量分析。对弱连接理论的研究已在供应链网络层面展开，已有少量学者研究了供应链网络中的“弱连接”关系，探寻了“弱连接”关系在供应链中的重要作用，故弱连接理论可应用于供应链网络，分析网络特性，并进行关系管理，为供应链中断风险管理提供了全新的研究视角。供应链中断风险一词虽被多次提及，但目前还没有形成一个统一、确切且被大众认可的定义。相关研究要么从具体案例或风险来源视角进行分析，要么从某一类中断风险进行分析。据此本章在整理和汇总相关文献的基础上，指出其是指由供应链时空动态变化与外界环境扰动所导致的供应链网络运营出现中断的可能性。对供应链中断风险传导构成要件的研究主要是从供应链中断风险传导要素、供应链中断风险传导路径和供应链中断风险传导过程等三个方面展开的。虽然已有文献针对传导要素、传导路径与传导过程进行了阐述，但很少从供应链中断风险的角度探讨传导要素、传导路径与传导过程，尤其缺乏对供应链中断风险传导要素及传导路径的理论基础及理论模型的研究。供应链中断风险识别是供应链风险管理的重要环节，主要是从识别风险源、构建风险识别框架、设计风险识别模型和完善理论体系等方面展开研究的，但尚处于起步阶段。在供应链中断风险评估方面，有从宏观分析、理论指标体系构建、概念框架构建和评估流程设计等方面进行的理论研究，也有从评估模型方法改进方面的方法创新，但由于新方法暂未被广泛应用，其适用性、有效性和可重复性仍有待检验。对于供应链中断风险管控，可应用库存管理策略、生产管理策略、应急采购策略和中断恢复策略，积极进行需求预测管理，采取有效的协调方法，增强供应链弹性，减少中断风险损失，增强中断风险抵御能力。

3 供应链中断风险传导复杂性分析

如前两章所述，对供应链中断风险传导的研究尚处于起步阶段，缺乏系统的理论框架、研究方法和研究工具。因此，本章的目的是为供应链中断风险传导研究提供一个理论框架。在借鉴相关文献的基础上对供应链中断风险传导进行了内涵和特征分析；对供应链中断风险传导的中断风险源、中断风险传导载体、中断风险流、中断风险道、中断风险阈值和供应链风险宿等六大构成要素进行了详细分析，为了更加形象地揭示这六大要素之间的逻辑关系，绘制了供应链中断风险传导要素逻辑关系图；将供应链中断风险传导路径主要分为链式传导路径、网状辐射传导路径、网状集中传导路径和网状交互传导路径四种，并绘制了供应链中断风险传导路径图；与企业生命周期一样，将供应链中断风险传导过程分为潜伏期、酝酿期、爆发期、消退期和遗留期五个阶段；从供应链网络自身结构的复杂性、传导路径及传导过程的动态复杂性等方面探讨了供应链中断风险传导的复杂性。

3.1 引言

随着科学技术的发展、社会分工的日益精细，通过供应链的运作方式进行企业之间的合作成为经济全球化环境下企业进行市场竞争的最有效合作方式。一方面，由于供应链中参与的主体比较多，供应链已向全球网络运营的方向发展，庞大而复杂的供应链网络系统使得供应链运营环境的复杂程度已经远远超越了以往，供应网络系统更容易受到来自外部以及内部各种干扰的影响。另一方面，在新的经济环境下，随着供应链管理的深入应用，精益生产、全球采购、业务外包和集中化等管理策略的广泛采用，完善了企业的作业流程，提高了企业应对环境变化的能力。但各种先进管理方法、技术和管理策略的应用，使得供应链比以往任何时候都更容易遭受风险的影响，风险在企业系统中的传导增强并可能产生蝴蝶效应，影响、破坏供应链的安全运行，造成供应链断裂、失效或成本剧增，导致供应链网络价值链体系紊乱、崩溃。

供应链中断风险传导机理研究既有重要的理论意义，也有重要的实践意义。但对供应链中断风险传导的研究尚处于起步阶段，缺乏系统的理论框架、研究方法和研究工具，因此，从复杂性角度为供应链中断风险传导研究提供一个理论框架至关重要。

3.2 供应链中断风险传导的定义与特征

鉴于供应链定义、供应链中断风险定义的复杂性和不一致性，学术界并未就供应链中断风险传导的含义达成一致意见，各学者分别从不同视角对其进行了界定。

综合相关文献，本书将供应链中断风险传导定义为：“源自供应链系统外部或内部的中断风险会依附于各种风险载体，沿着供应链复杂网络以原有风险形式或是耦合突变后产生新的风险形式向其他节点企业甚至整个系统进行扩散、传导，供应链中断风险传导的后果是将导致中断风险影响范围扩大，或损失加剧，或性质改变升级，最终对供应链运行造成很大危害。”

供应链网络是一个多主体、多目标和多环节的内部复杂系统，在经济全球化背景下，供应链网络更趋复杂化和精益化，供应链中断风险无论是对网络中的节点企业还是对整个供应链系统都会产生影响。供应链中断风险各传导元素以供应链系统为载体，相互作用、相互依存和相互影响。供应链中断风险传导具有以下鲜明特征：

1）客观性

客观性是指供应链中断风险传导不依赖于人的意识而存在，其必然性体现在以下两个方面：一是，供应链系统外部环境的不确定性，使供应链面临诸多风险；二是，以利益为基础的供应链网络使供应链中断风险客观存在，独立于人的主观意志的供应链中断风险使供应链中断风险传导具有客观性，并且供应链网络结构越复杂，供应链系统越庞大，供应链中断风险对外部的负效应就越大。同时，以“利益共享、风险分摊”原则建立起来的供应链网络，在应对供应链中断风险时节点企业必定会维护企业自身利益，向供应链组织转移风险，这与热传导原理一样。供应链中断风险的客观存在以及系统内中断风险能量差异的出现，使得供应链中断风险的传导不可避免。因此，客观性是供应链中断风险传导的最显著特征。

2）多样性

供应链网络上不同的中断事件所带来的风险效应是不同的，并且不管是何种中断风险，即使是相同类型的中断风险，由于发生的时间及爆发的程度不完全相同，提前防范的措施或者监控措施的成熟度不同，也必然会导致出现各种各样的风险状况。因此从中断风险产生的过程来看，供应链中断风险传导具有多样性。

3）难控性

供应链中断风险传导具有多种类型，对每种类型在理论上进行预测和监测本就有一定的难度，在实践中真正实施行之有效的防范措施难度就更大，也很难达到理想的效果。因此，难控性可以说是供应链中断风险传导的一个突出特征。但难控性并不意味着供应链中断风险传导不可控，企业可以通过识别供应链中断风险传导要素，引导和改变中断风险的传导路径，在一定程度上影响供应链中断风险传导过程，从而可以压缩中断风险的持续时间，减少中断风险给企业及供应链带来的损失。

4）阶段性

阶段性是供应链中断风险传导的又一个重要特征。在中断风险传导的前后相邻两个阶段之间存在相互耦合，不同阶段之间可能会重叠，但在不同阶段，供应链中断风险及其传导表现出的阶段性特征明显。在风险萌芽期，风险源很难被察觉，风险源发出的风险具备隐蔽性，很难判断其会在何时何地出现，常被忽视。在中断风险传导初期，风险传播和蔓延速度加快，许多潜在风险进一步显现化，供应链中断风险在更大范围内传导。在爆发期，潜在的风险能量超出供应链网络的最大承受能力，风险源到达最终的风险宿，无法找到下一个能继续隐藏和传导风险的风险接受者。风险涉入群体大量增加，未受风险损害的节点企业会借鉴他人或依据信息来源进行判断形成心理恐慌，恐慌的延续导致多米诺效应，原有的单一风险可能最终演变成整体性的多风险，使危害程度大大增加，风险转化为危机，给节点企业带来巨大的经济损失、声誉损失和其他损失，甚至影响供应链整体的稳定性。在中断风险传导后期，风险控制措施会有效阻碍风险能量进一步扩大，风险波及范围逐渐缩小，使节点企业的经济损失逐步降低。各节点企业、消费者及公众的心理恐慌得到缓解，能对中断风险的危害做出明智的判断和回应。随着风险波及范围进一步缩小，节点企业的经济损失也进一步减少，甚至可达到基本没有的程度，但在中断风险得到缓解后，中断事件造成的影响往往会持续一段时间。

5）复杂性

供应链中断风险传导的复杂性是由供应链中断风险的中断风险源、中断风险传导载体、中断风险传导路径等因素的复杂性及风险的不确定性、随机性等特征所决定的。供应链在运行中会与外界产生物质、能量的交换，形成与外界环境的千丝万缕的联系，不可避免地受到内部和外部不确定因素的干扰和影响，使得某一节点企业在初始时刻的微小偏差或不确定被不断放大和增强，通过各种传导载体并以各种途径被传递和扩散，进而导致整个供应链系统的崩溃和瘫痪。同时，外部环境的不确定性风险，例如政策风险、经济周期风险、法律风险甚至意外灾害风险等，也增加了供应链风险的复杂性。

3.3 供应链中断风险传导要素

3.3.1 供应链中断风险传导的构成要素

供应链中断风险的传导过程是各传导要素相互作用、相互依存和相互影响的过程，故对供应链中断风险传导要素的分析和研究有利于揭示企业风险传导规律，也有利于供应链整体的正常运行。由于暂没有国外文献和国内文献涉及供应链中断风险传导要素，本书不妨在借鉴供应链风险传导要素相关文献的基础上进行整理和汇总，最终将供应链中断风险传导要素分为中断风险源、中断风险传导载体、中断风险流、中断风险道、中断风险阈值和供应链风险宿等六大构成要素。

1）供应链中断风险源

供应链中断风险源是指供应链中断爆发的来源，是风险传导的基础条件。供应链中断风险源按其产生的原因分为供应链外部风险源（简记为外部风险源）、供应链节点企业之间的风险源（简记为内部网络风险源）和供应链节点企业内部风险源（简记为内部风险源）。供应链中断风险源的构成要素如图3-1所示。

2）供应链中断风险传导载体

供应链中断风险传导载体是将中断风险源传导给风险接受者的输送媒介。供应链中断风险传导载体主要指有形物质或无形效应，包括物资、资金、价格、技术、人力、信息等。

3）供应链中断风险流

供应链中断风险流是指中断风险源触发中断风险时产生的能量性冲击。能量性冲击越大，中断风险流就越快，强度也越大。能量性冲击很小时，中断风险就会停滞不动。根据能量守恒定律，风险在前行运动过程中不断补充能量，能量性冲击才会变大，才能不断促进风险传递、推动风险前行。当中断风险经过不同的载体传导时，就会形成不同的风险

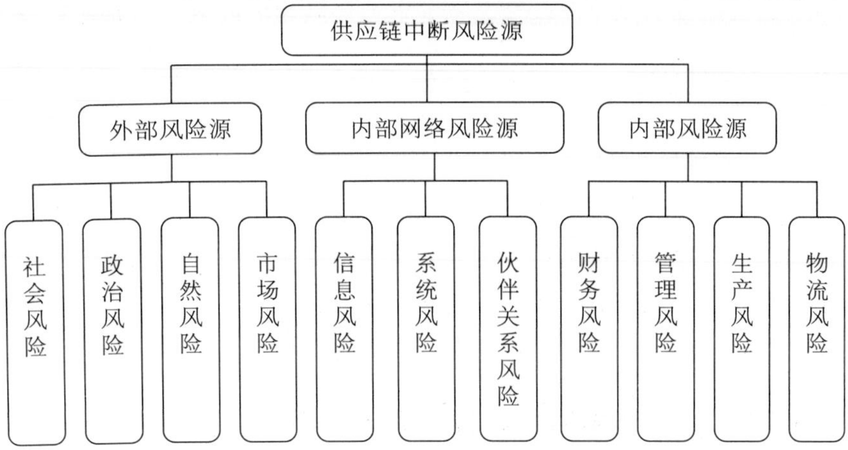

图3-1　供应链中断风险源的构成要素

流，如物资风险流、资金风险流、价格风险流、技术风险流、人才风险流、信息风险流等。但值得一提的是，由于中断风险流具有流动性、耦合性、依附性、变异性等特点，中断风险流与中断风险传导载体并不是一一对应的，相同的中断风险传导载体可能带来不同的中断风险流。

4）供应链中断风险道

供应链中断风险道是指供应链中断风险在传导过程中所经过的通道。风险沿着特定的渠道和途径开始在供应链运作流程、功能节点上流动和传递就形成了供应链风险道，主要有供应链的业务流程链、相关利益链和价值链。随着科学技术的不断进步，风险传递通道越来越多，促进了风险成功传递。

5）供应链中断风险阈值

供应链中断风险阈值是指中断风险源传导给供应链节点企业时该企业所能承受的风险最大值，当风险超过这个最大值时，就会导致中断风险。这一指标主要取决于节点企业之间的相似度、抗风险能力和风险承受能力。节点企业之间的相似度是指供应链上两个节点企业之间相互依赖和关联的紧密程度。这种关联可以是某一企业对于另一企业的依赖程度，可以是某一企业与另一企业业务联系的紧密程度，也可以是某一企业与另一企业利益相关的紧密程度等。节点企业之间的相似度越高，中断风险就越容易传导。抗风险能力是指节点企业面对中断风险时的对抗基础。抗风险努力水平是指节点企业面对中断风险时通过发挥主观能动性的一系列行为选择。抗风险能力和抗风险努力水平越高，中断风险就越不容易传导。

6）供应链风险宿

供应链风险宿是指供应链中断风险源发出后的风险最终接受者。风险源发出后，可能转嫁给供应链系统外的企业或公司，也可能转嫁给供应链系统内的节点企业，还可能无法转嫁出去。当供应链中断风险无法转嫁出去时，就给本节点企业带来巨大的有形和无形损失。

3.3.2 供应链中断风险传导要素之间的逻辑关系

为了更加形象地揭示中断风险传导过程中断风险源、中断风险传导载体、中断风险流、中断风险道、中断风险阈值和供应链风险宿这六大要素之间的逻辑关系，对此进行了进一步的描述，如图3-2所示。对供应链中断风险传导要素的分析和研究有利于揭示供应链中断风险传导的内在机理和中断风险传导规律，并有助于供应链内部各节点企业的结构稳定、协调和优化。

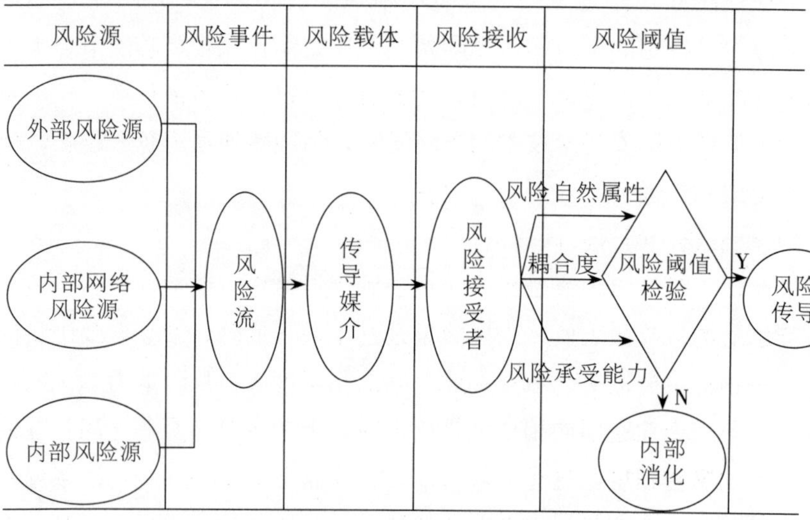

图3-2 供应链中断风险传导要素逻辑关系图

3.4 供应链中断风险传导路径

为使研究具有普适性价值，在借鉴相关文献的基础上，本书侧重于过程并借鉴相关研究成果，在此基础上进行整理，将供应链中断风险传导路径分为链式传导路径、网状辐射传导路径、网状集中传导路径和网状交互传导路径四种。

3.4.1 链式传导路径

链式传导路径是指供应链某节点企业将供应链中断风险传导给下一节点企业的传导路径。根据传导方向与业务流程方向是否相同，可将其分为正向传导路径、反向传导路径和混合传导路径。正向传导路径是指供应链中断风险从上游节点企业沿业务流程方向向下游节点企业传导；反向传导路径是指供应链中断风险从下游节点企业沿与业务流程相反的方向向上游节点企业传导；正向传导路径与反向传导路径如图3-3所示。混合传导路径是指当多种中断风险并存时，有些中断风险从上游节点企业向下游节点企业传导，而有些中断风险从下游节点企业反向传导。正向传导路径与反向传导路径的风险传导方向单一，中断风险较易控制，但混合传导路径的中断风险源多样且难排查，中断风险通过正向与反向路径交替传导，导致中断风险不断积聚与变异而出现强耦合效应，可能使风险强度与风险扩散速度提升，导致破坏性更大。

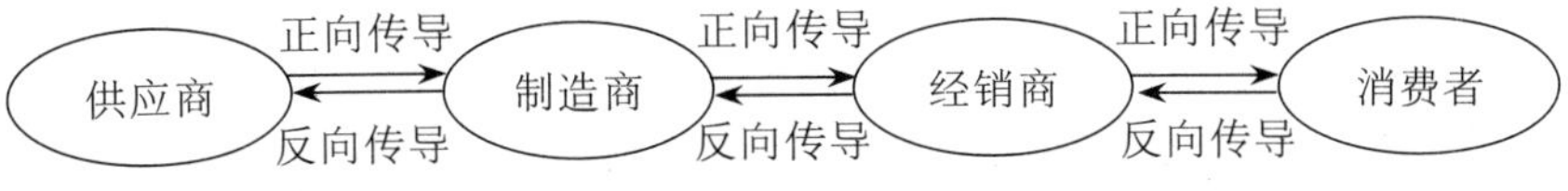

图3-3 链式传导路径

3.4.2 网状辐射传导路径

网状辐射传导路径是指中断风险传导方向是由核心节点企业向其他与其存在业务关联的节点企业传导，可同时向下游节点企业和上游节点企业传导。由于被传导的中断风险可能是同一风险，也可能是不同的风险，传导的起始时间、速度、强度和载体可能不相同，并且会多维扩散、叠加与变异，可见其风险传导过程非常复杂，如图3-4所示。

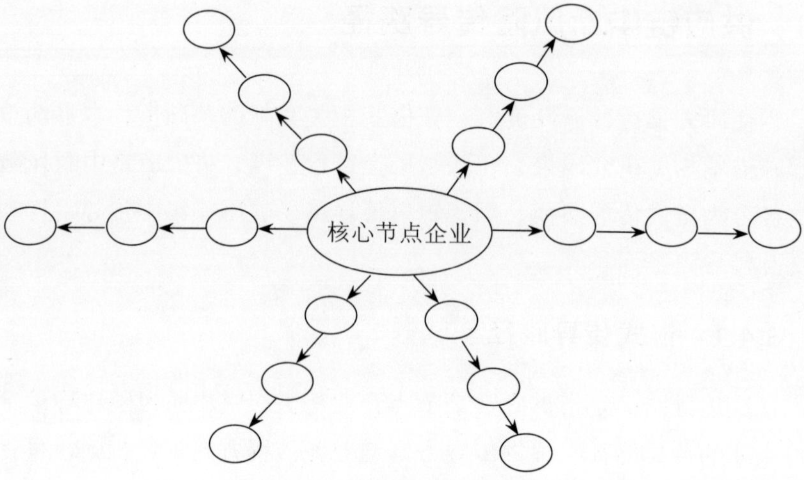

图3-4 网状辐射传导路径

3.4.3 网状集中传导路径

网状集中传导路径是指中断风险的传导方向是由不同节点企业向某一特定节点企业传导，如图3-5所示。与网状辐射传导路径相比，网状集中传导路径只是传导方向相反。由于外部风险源的多样性和内部风险传导过程的动态变化，中断风险传导过程极易受环境影响。

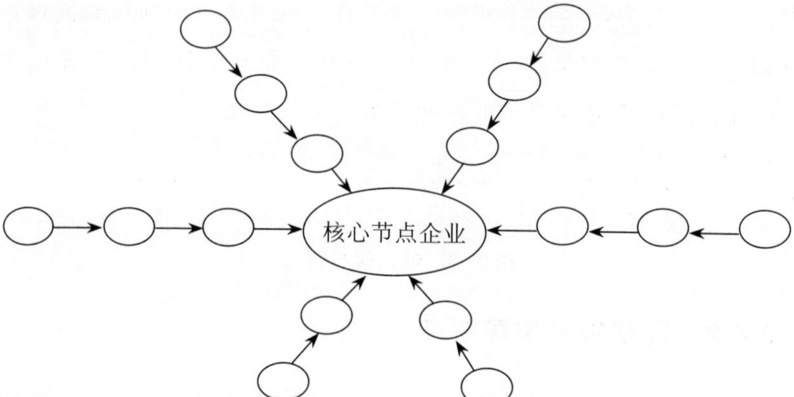

图3-5 网状集中传导路径

3.4.4 网状交互传导路径

网状交互传导路径是指中断风险的传导方向是在各节点企业间相互传导，如图3–6所示。与网状辐射传导路径和网状集中传导路径相比，网状交互传导路径是多种中断风险的交叉循环传导，这些风险相互影响、相互传导、不断叠加与变异，使风险防范难度不断加大。

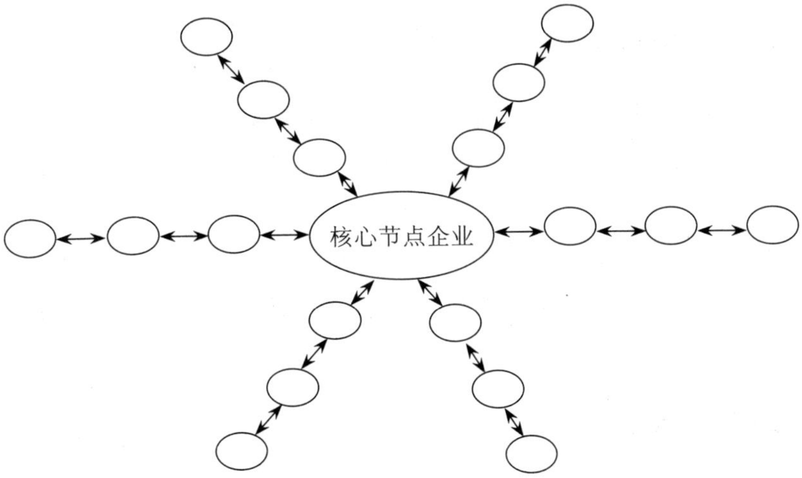

图3–6 网状交互传导路径

可见，供应链中断风险传导路径并不是杂乱无章、无法可循的，具有路径依赖性。为了更全面地展示供应链中断风险传导路径的影响，对此进行了进一步的描述，如图3–7所示。

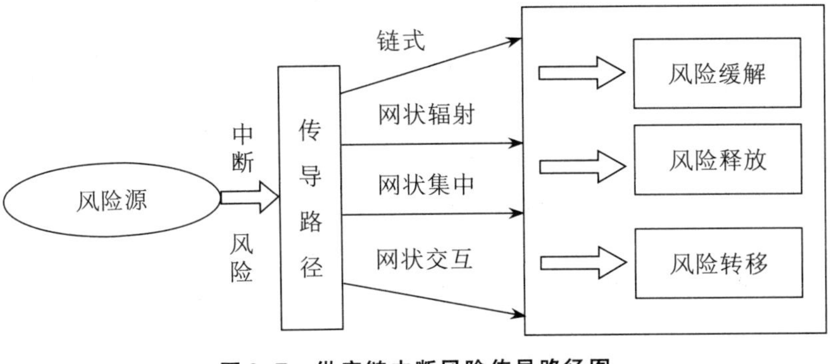

图3–7 供应链中断风险传导路径图

3.5 供应链中断风险传导的生命周期

与企业生命周期一样，供应链中断风险传导过程也可分为潜伏期、酝酿期、爆发期、消退期和遗留期五个阶段。前后相邻的两个阶段之间相互耦合，不同阶段之间可能会重叠。

3.5.1 潜伏期

供应链中断风险传导的第一个阶段是潜伏期。这一阶段，风险源很难被察觉，风险源发出的风险具有隐蔽性，中断能量性冲击较小，很难判断其会在何时何地出现，常被忽视。

在潜伏期，必须采取有效的预警机制，制定相关的应对中断事件的应急准备措施，进而可以很快阻断中断风险的快速传播，缓解中断风险的猛烈程度。

3.5.2 酝酿期

中断风险经过潜伏期进入成熟阶段后，开始进入酝酿期。这一阶段，中断风险传导和蔓延速度加快，许多潜在风险进一步显现，供应链中断风险在更大范围内传导，中断能量性冲击进一步积聚与叠加，进一步交叉传递与变异，中断风险进一步复杂化，更多节点企业成为风险接受者。

酝酿期是中断风险传导最快的阶段，极容易出现部分消息失真和变形的现象，供应链上的节点企业应当第一时间实现信息共享，做到信息畅通，减少不必要的猜疑和恐慌。在共享信息的时候还应当加强信息的真实性，这样才能最大程度减少将来的损失。

3.5.3 爆发期

潜在的风险能量超出供应链网络的最大承受能力，风险源到达最终的风险宿，进入爆发期。此时，无法找到下一个能继续隐藏和传导风险的风险接受者。风险涉入群体大量增加，未受风险损害的节点企业会借鉴他人或依据信息来源进行判断形成心理恐慌，恐慌的延续导致多米诺效应。在风险酝酿阶段，风险的交叉与变异已滋生很多新风险，风险爆发后，伴随原风险进一步积聚、重叠、交叉、变异与并发，其危害程度大大增加，风险转化为危机，给节点企业带来巨大的经济损失、声誉损失和其他损失，原有的单一风险可能最终演变成整体性的多风险。严重时，甚至影响供应链整体的稳定性。

此时，供应链网络的关键核心成员应当做好“意见领袖”，担负起领袖的职责，实时地给全体节点企业提供有效解决问题的建议，引导整个供应链向着合理的方向共同努力。在爆发期，有了这些例行的规律之后，对信息传播的真实性以及核心节点企业的地位和能力有了更高的要求。如果各节点企业加强有效合作和充分运用各自的优势抵御风险，也不至于措手不及和由于没有预案而产生恐慌。各节点企业应通过协作努力加强供应链的稳定性和牢固性，以在最大程度上减少损失。

3.5.4 消退期

风险迸发高峰期过后，风险能量逐步减小，开始步入消退期。在消退期，中断能量性冲击逐步降低，风险控制措施会有效阻碍风险能量进一步扩大，风险波及范围逐渐缩小，使风险中断节点企业的经济损失逐步降低。各节点企业、消费者及公众的心理恐慌得到缓解，能对中断风险的危害做出明智的判断和回应。

此时，供应链网络的关键核心成员要及时给予建议、措施，并带头完成目标规定的任务，与后面观望和跟风的节点企业一起采取措施，共同抵御风险。各节点企业务必通力合作，群策群力。供应链网络各节点企业还可联系其他供应链，建立新的强连接和弱连接，增强自身的风险抵抗力。从供应链整体出发，建立联合应急互助资金，增强供应链网络整体的风险承受能力，降低供应链网络整体的中断风险和损失。

3.5.5 遗留期

遗留期是供应链中断风险传导的最后一个阶段。遗留期，中断能量性冲击进一步降低，风险波及范围也进一步缩小，节点企业的经济损失很少，甚至可达到基本没有的程度，但在中断风险得到缓解后，中断事件造成的影响往往会持续一段时间。

在这一阶段，供应链各节点企业应总结经验教训，提前成立预案小组，对控制措施给予进一步完善。各节点企业还应当从自身出发，杜绝可能出现的类似供应链中断风险传导。在这一阶段，各节点企业可从组织内部结构和供应链的网络拓扑结构等方面着手修复本节点企业及供应链网络存在的遗留问题。

3.6 供应链中断风险传导的复杂性综合分析

供应链中断风险传导过程的复杂性特点，主要源于供应链网络自身结构的复杂性和供应链中断风险传导要素、传导路径及传导过程的动态复杂性。

供应链网络是一个多主体、多目标和多环节的开放性复杂系统，伴随自然、政治、经济和市场等全方位瞬息万变的不确定性外在复杂环境，供应链网络变得更加复杂。供应链网络的复杂化、节点企业布局的分散化和文化差异化等特点，以及供应链网络内部各节点企业之间战略目标、利益分配、空间布局等的不一致，导致供应链网络内部运作呈现动态复杂性特性。这种外在环境的复杂性和供应链网络动态复杂性相融合，会影响供应链网络的集成效率、反应速度和运作机制效果。供应链网络自身结构的复杂性是导致供应链中断风险传导过程复杂的主要原因之一。

供应链中断风险传导主要由中断风险源、中断风险传导载体、中断风险流、中断风险道、中断风险阈值和供应链风险宿等六个要素构成。多中断风险源并存是导致中断风险传导过程复杂的前提条件；影响中断风险传导过程的因素在一定程度上相关或是高度相关，各因素之间交叉影响，呈现复杂性特点；中断风险传导载体、中断风险流与中断风险道等自身的复杂性和多样性，加上各节点企业抵御中断风险的能力、承受中断风险的能力和中断风险处理措施等方面的差异，使中断风险传导过程出现流动性、耦合性、依附性、变异性等，大大增加了中断风险的防范难度。

供应链中断风险传导路径虽有一定的方向性，但是由于外部风险源的复杂性和内部风险传导过程的动态变化，每种传导路径的风险扩散强度、风险扩散速度和风险波及范围也不尽相同，可能伴随中断风险的相互影响、相互传染、不断积聚和不断变异。可见，供应链中断风险传导路径也是复杂的。

供应链中断风险传导生命周期也具有复杂性，中断风险传导过程的五个阶段之间相互耦合与重叠，使中断风险传导过程更加复杂，同样增加了中断风险的防范难度。

3.7 本章小结

供应链中断风险传导机理研究既有重要的理论意义，也有重要的实践意义。但对供应链中断风险传导的研究尚处于起步阶段，缺乏系统的理论框架、研究方法和研究工具，因此，从复杂性角度为供应链中断风险传导研究提供一个理论框架至关重要。

本章在借鉴相关文献的基础上对供应链中断风险传导进行了内涵和特征分析，指出供应链中断风险传导具有客观性、多样性、难控性、阶段性和复杂性等鲜明特点；供应链中断风险传导主要归因于损失转嫁、控制失误、依赖加剧和网络复杂等方面；将供应链中断风险传导要素分为中断风险源、中断风险传导载体、中断风险流、中断风险道、中断风险阈值和供应链风险宿，并对这六大构成要素进行了详细分析，绘制了供应链中断风险传导要素逻辑关系图，达到更加形象地揭示这六大构成要素之间的逻辑关系的目的；将供应链中断风险传导路径分为链式传导路径、网状辐射传导路径、网状集中传导路径和网状交互传导路径四种，并绘制了供应链中断风险传导路径图；与企业生命周期一样，将供应链中断风险传导过程分为潜伏期、酝酿期、爆发期、消退期和遗留期五个阶段；从供应链网络自身结构的复杂性、传导路径及传导过程的动态复杂性等方面探讨了供应链中断风险传导的复杂性。

这些研究能较好地帮助供应链节点企业从网络结构稳定、协调和优化方面探寻供应链中断风险传导特性，揭示供应链中断风险传导的内在机理和中断风险传导规律。

4 基于小世界网络的供应链中断风险传导特性分析

突发事件严重影响企业生产、社会稳定和经济繁荣，而供应链中断是各类突发事件的直接结果，给供应链节点企业和供应链整体均带来多重负面影响。本章针对供应链中断风险传导路径及传导过程的复杂性特点，引入小世界网络研究方法，定性判断了小世界网络分析方法的适用性，从度、平均度、特征路径长度、聚类系数、顶点度、度分布、网络结构熵及交流频率等多统计参量分析供应链中断风险传导路径及供应链中断风险传导过程的传导通道与密度、传导路径、传导广度、传导稳定性及传导速度，并运用MATLAB软件进行了数值模拟和分析，验证了统计参量分析的正确性。通过研究发现，较短的中断风险传导路径和较大的聚类系数均能有效提升供应链网络的中断风险传导速度，核心节点企业的稳定性对供应链中断风险传导过程中供应链网络整体的稳定性起到至关重要的作用，供应链中断风险传导的不同阶段对小世界网络的统计参量的要求是不同的。此研究有利于供应链节点企业和供应链整体应对中断风险并提升运作效率。

4.1 引言

近年来，各国各类公共突发事件频繁发生，造成了巨大损失，严重影响企业的平稳生产、人民的身心健康和生命安全、社会的稳定和经济的繁荣。公共突发事件主要包含自然灾害、突发事故灾难、突发公共卫生事件、突发社会安全事件和突发经济安全事件。

自然灾害主要包括洪涝地质灾害、旱灾、雪灾、海洋灾害、地震灾害、森林火灾等，中国是世界上受自然灾害影响最为严重的国家之一，如2008年的南方冰灾和“5·12”汶川大地震等。自然灾害造成的损失极大，据2013年统计年鉴数据，中国全年洪涝地质灾害、旱灾、雪灾、海洋灾害和地震灾害造成的直接经济损失分别高达1 884亿元、905亿元、260亿元、165亿元和995亿元。突发事故灾难主要包括企业生产安全事故、道路交通事故、公共设施设备事故、环境污染和生态破坏事件等。据2013年统计年鉴数据，中国全年各类生产安全事故的死亡人数高达69 434人。突发公共卫生事件主要包括传染病疫情、食品安全、动物疫情等，如2003年的“非典”事件等。突发社会安全事件主要包括工人罢工事件等。突发经济安全事件主要包括1997年的亚洲金融危机和2008年的全球金融危机，它们给中国经济带来了前所未有的困难和挑战。

供应链中断是各类公共突发事件的直接结果，给供应链节点企业和供应链整体均带来了多重负面影响，甚至可能导致供应链瘫痪和瓦解。虽然目前对供应链风险管理的研究较多，但针对供应链中断风险传导的研究相对滞后，这与实际出现的诸多供应链中断事件相矛盾，使其成为亟待解决的重要研究课题。供应链中断风险在传导过程中并非无序、混乱的，而是沿一定路径、按特定方向进行的。供应链中断风险的传导也呈现生命周期特征。研究供应链中断风险传导路径及传导过程有利于厘清供应链中断风险传导特性和机理，提升供应链节点企业和供应链整体应对中断风险的效率。

正是基于此，本章第二部分主要分析了小世界网络模型及其适用性，为分析供应链中断风险传导过程引入小世界网络这一独特视角。本章第三部分主要通过度、平均度、特征路径长度、聚类系数、顶点度、度分布、网络结构熵及交流频率等多统计参量分析供应链中断风险传导路径及供应链中断风险传导过程的传导通道与密度、传导路径、传导广度、传导稳定性及传导速度，得出在供应链中断风险传导的不同阶段对小世界网络的统计参量要求是不同的这一独特结论。本章第四部分运用MATLAB软件进行了数值模拟和分析，验证了供应链中断风险传导过程的小世界特性及统计参量要求的正确性。本章第五部分给出了结论和一些有价值的建议，并进行了展望。

4.2 小世界网络模型及其适用性

Watts和Strogatz（1998）[2] 提出了介于规则网络和随机网络之间的小世界网络模型（small world network），即WS小世界网络模型，这是复杂网络研究的一项开创性成果。通过分析电影演员合作网、美国电力系统网和线虫神经系统网的两个标志性特征统计参量（平均路径长度和聚类系数），发现这三大网络具有较小的平均路径长度和较大的聚类系数，即具有小世界网络特征，并以此类推说明现实中的绝大多数社会网络均具有小世界网络特性。

WS小世界网络模型被提出后，备受学术界关注，较多学者在此基础上进行了方法改进。Newman和Watts（1999）[3] 提出NW小世界网络模型，即当复杂网络的随机度趋近于0时，特征路径长度就会出现临界点。WS小世界网络模型的构造算法是在规则网络的基础上以概率p随机连边至新节点上，而NW小世界网络模型的构造算法是在规则网络的基础上以概率p随机选取一对节点并在这对节点之间加边（为保证模型的简化和准确，规定随机选取的这对节点间至多只能有一条边且任一节点均不能通过与自身相连的方式连边）。二者的本质区别是，前者是改变节点连接，后者是在最初无强连接的节点间建立新联系，并不改变最初节点间的联系。当概率p足够小和节点数N足够大时，NW小世界网络模型本质上等同于WS小世界网络模型。

小世界网络分析方法已被广泛应用于物理、数学和生物等自然科学领域，其在经济管理方面的应用也有大量的研究。经济管理方面的研究主要集中于市场与产业分析、知识扩散与传播、博弈过程分析等方面。小世界网络分析方法现已展现出极强的适用性和广阔的发展前景，且大量实证研究表明，小世界网络理论能为解释复杂社会经济系统的动态属性、结构特征和演化机制提供有效的定量描述和分析。

供应链网络是一个多主体、多目标和多环节的内部复杂系统，伴随自然、政治、经济和市场等全方位瞬息万变的不确定性外在复杂环境，供应链网络变得更加复杂。供应链网络的复杂化、节点企业布局的分散化和文化差异化等特点，导致供应链中断风险传导过程亦呈现复杂化特性。供应链中断风险传导路径虽有一定的方向性，但是由于外部风险源的复杂性和内部风险传导过程的动态变化，每种传导路径的风险扩散强度、风险扩散速度和风险波及范围也不尽相同，可能伴随中断风险的相互影响、相互传染、不断积聚和不断变异。可见，供应链中断风险传导路径也是复杂的。鉴于供应链网络和风险传导路径均为复杂系统，鉴于小世界网络能为复杂系统网络的演化机制提供有效的定量描述与分析，故应用小世界网络分析方法分析供应链中断风险传导路径的演化机制较为合适。现实中，供应链网络中各节点企业间的联系特征与NW小世界网络更为接近，这是因为随着信息技术的发展、企业观念的转变和全球化进程的加剧，处于不同地理位置的企业间可以突破空间限制，表现为较短的特征路径长度，从而呈现出较明显的小世界特性。基于此，这里通过分析供应链网络的复杂性以及供应链中断风险传导路径的复杂性，以定性判断小世界网络分析方法的适用性，进而通过其特性分析验证供应链中断风险传导路径的小世界特性。

4.3 基于多统计参量的供应链中断风险传导特性分析

本部分通过度、平均度、特征路径长度、聚类系数、顶点度、度分布、网络结构熵及交流频率等多统计参量分析供应链中断风险传导路径及供应链中断风险传导过程的传导通道与密度、传导路径、传导广度、传导稳定性及传导速度，揭示供应链中断风险传导特性和规律。

4.3.1 供应链中断风险传导通道与密度

1）度与平均度

在供应链网络中，各企业为供应链网络中的节点，各节点企业间的业务往来关系（如产品流动、资金流动、信息与技术流动等交流关系）为供应链网络中的边，故供应链网络可表示为由各节点企业组成的节点集V与边集E组成的图G。不妨将图G的节点集合记作V（G），边的集合记作E（G）。供应链节点企业数为N，N=［V（G）］；节点连接边数为M，M=［E（G）］。某节点企业i与其他节点企业连接的边数为该节点企业的度，不妨用k_i表示。供应链网络中某节点企业连接的边数越多，表明其与越多的节点企业有产品流动、资金流动、信息与技术流动，重要程度越高，越可能成为核心节点企业。

平均度$\langle k\rangle$即为供应链网络中所有节点企业的度的平均值。

$$\langle k\rangle = \frac{1}{N}\sum_{i=1}^{N} k_i \tag{4.1}$$

2）供应链中断风险传导通道与密度分析

在供应链中断风险传导过程中，供应链各节点企业间的度即为供应链中断风险传导通道的数量，平均度$\langle k\rangle$则可反映供应链网络整体的平均通道数量，即供应链中断风险传导密度。

在小世界网络结构下，网络内部节点数固定，但边的关系可以改变。当供应链中断风险传导开始时，可利用边的关系（即度）来增加供应链中断风险传导通道和传导密度。各节点企业可根据网络内部现有的供需关系和竞争关系，利用产品流动、资金流动、信息与技术流动等，在相邻层级下建立更多的连接关系。各节点企业亦可挖掘间接供需关系，利用格拉诺维特理论（即在网络中，拥有两条强连接关系的任何三角关系，第三条一定至少是弱连接，而不可能是无连接），在同级间建立更多的强连接与弱连接。此时，供应链网络内部的节点企业可通过已建立的供应链中断风险传导通道传导中断风险信息，提升供应链网络整体的共享信息量，应对信息失真和变形，提升各节点企业间的协作能力和风险承受能力。

4.3.2 供应链中断风险传导路径

1）特征路径长度

将供应链网络中任意两个节点企业i和j之间的距离d_{ij}定义为连接这两个节点企业最短路径上的边数，即节点企业i和j发生联系必须与其他节点企业进行联系的最小次数。需要特别说明的是，d_{ij}并不是只表示各节点企业间的空间距离，也表示它们之间的社会距离，如以往的合作关系、企业文化的相似度等。供应链网络的特征路径长度L（G）定义为任意两个节点企业i和j之间的距离平均值，则：

$$L(G)=\frac{1}{N(N+1)/2}\sum d_{ij} \tag{4.2}$$

假设各节点企业均与其左右相邻的$\frac{k}{2}$个节点企业相联系（k为偶数），各节点企业为获取供应链网络扩散中的业务往来信息，以概率p与新节点企业建立强连接，则WS小世界网络对应的特征路径长度可表示为：

$$L(p)=\frac{3(k-2)}{k}f(Nkp/2) \tag{4.3}$$

对于NW小世界网络模型，通过在规则网络随机加边，并采用重正化群方法，得到修正后的特征路径长度，用L（p）表示，则NW小世界网络对应的特征路径长度可表示为：

$$L(p)=\frac{2N}{k}f(Nkp/2) \tag{4.4}$$

式中：$f(Nkp/2)$为普适标度函数，满足：

$$f(Nkp/2)=\begin{cases}\text{常数}, Nkp \ll 1\\ \dfrac{\ln(Nkp/2)}{Nkp/2}, Nkp \gg 1\end{cases} \tag{4.5}$$

特征路径长度的变化速度与供应链网络的节点数N成正比，故节点企业间较短的特征路径长度表明节点企业间存在较紧密的交流。

2）供应链中断风险传导路径分析

在供应链中断风险传导过程中，供应链中任意两个节点企业间的直线路径即为供应链中断风险传导路径。度值小的节点企业往往倾向于利用与度值大的节点企业所建立的供需关系和竞争关系来与更多度值小的节点企业建立强连接和弱连接，大大缩短供应链中断风险传导路径，具有小世界效应。

当供应链中断风险传导开始时，节点企业间较短的特征路径长度和较短的中断风险传导路径能帮助不存在任何直接联系的两个节点企业通过网络内部现有的供需关系和竞争关系，建立新的强连接或弱连接，实现更短的供应链中断风险传导路径，增加节点企业间的深层次沟通次数，获取低冗余度的新的中断风险信息，加强信息整合，减小节点企业间中断风险信息传导的时滞，缓解各节点企业以及供应链网络整体的中断风险，提升各节点企业的中断风险应对能力。

当供应链中断风险传导开始时，较短的特征路径长度对应较快的中断风险传导速度。在酝酿期，供应链网络的特征路径长度若能较短，各节点企业就能通过供应链网络平台，传导供应链中断风险信息，提升供应链网络整体的共享信息量，应对部分消息失真和变形的情况；在爆发期和缓解期，各节点企业就能通过所构建的较短特征路径长度有效提升本企业的协作能力和风险承受能力。

4.3.3 供应链中断风险传导广度

1）聚类系数

在供应链网络中，与某节点企业直接联系的两个节点企业间也可能存在直接联系，这种属性称为供应链网络的聚类特性。假设供应链网络中某节点企业 i 有 k_i 条边与其他企业相连，则该节点企业的度值为 k_i。这 k_i 条边对应的对方节点企业称为该节点企业的邻居，将该节点企业与其邻居对应边数的最大值表示为 M_i，则 $M_i = \frac{k_i(k_i - 1)}{2}$。将该节点企业与其邻居实际对应的边数表示为 m_i。实际对应的边数 m_i 和总的可能边数 M_i 的比值即为该节点企业的聚类系数，用 $C_i(G)$ 表示。某节点企业 i

的聚类系数越大，则对应的供应链中断风险传导路径越多，中断风险传导范围越广，该节点企业与其他节点企业间的紧密程度也越大。聚类系数用于描述供应链网络的局部特征，可表示为：

$$C_i(G)=\frac{m_i}{M_i}=\frac{m_i}{k_i(k_i-1)/2} \tag{4.6}$$

当供应链网络规模不变时，若节点企业i想增大该节点企业的聚类系数，则该节点企业需要与更多的节点企业断线重连，进而建立更稳定、更紧密的联系；当供应链网络规模发生变化时，若节点企业i想增大该节点企业的聚类系数，则需要综合考虑m_i和M_i。供应链网络整体的聚类系数C(G)就是所有节点企业局部聚类系数$C_i(G)$的算术平均值，即：

$$C(G)=\frac{1}{N}\sum_{i=1}^{N}C_i(G)=\frac{1}{N}\sum_{i=1}^{N}\frac{m_i}{k_i(k_i-1)/2} \tag{4.7}$$

式中：$0\leqslant C(G)\leqslant 1$。当$C(G)=0$时，表明所有节点企业均未与其他节点企业有任何联系，为孤立节点，各节点企业间并不存在中断风险传导路径；当$C(G)=1$时，表明供应链网络中任意两个节点企业均与其他节点企业建立了直接联系，存在中断风险传导路径。但是，现实中的供应链网络一般不会出现$C(G)=0$或$C(G)=1$的情况，即供应链网络既不是完全随机的，也不是完全规则的，而是呈现出小世界网络特性。当某节点企业能与更多的节点企业建立强连接和弱连接时，供应链网络整体的聚类系数就会增大，即供应链网络的平均聚类程度加深。所以，如果每个节点企业都能与更多的节点企业联系，那么中断风险传导路径就越多，供应链网络的聚类程度就越深，供应链网络就越具有鲁棒性。需要注意的是，当供应链网络整体的聚类系数过大，中断风险传导路径过多和过长时，由于受资源约束和维护成本的限制，供应链网络可能会出现结构僵化的现象，因此供应链网络整体的聚类系数并非越大越好，需要保持适度。

为能将式（4.7）用选取新的节点企业的概率p表示并简化计算，基于WS小世界网络模型的供应链网络整体聚类系数C(G)可修正为C(p)，则其聚类系数可表示为：

$$C(p)=\frac{3(k-2)}{4(k-1)}(1-p)^3 \tag{4.8}$$

基于NW小世界网络模型的供应链网络整体聚类系数C(C)也可修正为C(p)[3]，则其聚类系数可表示为：

$$C(p)=\frac{3(k-2)}{4(k-1)+4kp(p+2)} \tag{4.9}$$

2）供应链中断风险传导广度分析

某节点企业i的聚类系数越大，则对应的供应链中断风险传导通道越多，中断风险传导路径越短，中断风险传导的范围就会越广。较大的供应链网络聚类系数对应较稳定、紧密的空间联系和社会联系。空间联系是各节点企业地理位置上的联系，而社会联系是各节点企业由于企业文化的相似性、平时的业务合作的默契性和电子商务的可操作性等在非空间联系方面的联系。当供应链中断风险传导开始时，各节点企业不仅要关注空间联系，更要关注社会联系。

在小世界网络结构下，各节点企业的度大致相等，度分布趋于均匀化。当供应链中断风险传导开始时，各节点企业除可与大度值的核心节点企业继续保持强连接外，还可以利用供应链网络内现存的弱连接关系建立更多、更短的中断风险传导通道。在供应链中断风险传导的潜伏期、酝酿期、爆发期和缓解期，各节点企业通过利用现存的强连接和弱连接关系所建立的中断风险传导通道往往会依赖核心节点企业的中继过渡作用，这往往会增大核心节点企业及供应链网络整体的聚类系数。而较大的供应链网络聚类系数能较快地控制中断风险的传导速度，加快节点企业之间的信息共享，减少不必要的猜疑和恐慌，促进各节点企业的协同合作，保持供应链网络整体的稳定性，并通过新的强连接和弱连接，增强各节点企业的中断风险承受能力和供应链网络整体的中断风险控制能力。在供应链中断风险传导的遗留期，各节点企业要降低与其他节点企业间的过分依赖关系和局部聚类系数，并从组织内部结构着手修复本节点企业。尤其需要注意的是，供应链网络整体的聚类系数并非越大越好，要根据供应链中断风险传导的不同阶段进行调整。

4.3.4 供应链中断风险传导稳定性

1）顶点度、度分布与网络结构熵

供应链各节点企业顶点度指的是各节点企业度值的相对指标，能反映其在供应链网络中的重要程度。将某节点企业i的顶点度I_i定义为：

$$I_i = \frac{k_i}{\sum_{i=1}^{N} k_i} \quad (k_i\text{为节点企业}i\text{的度值}) \tag{4.10}$$

供应链中某节点企业的顶点度越大，意味着其在供应链网络中的地位越重要，越会成为供应链网络中的关键节点。

在WS小世界网络中，每个节点企业至少与K个节点企业相连，其度为k的概率分布，即度分布为：

$$p(k) = \begin{cases} 0, k << \dfrac{K}{2} \\ \displaystyle\sum_{n=0}^{\min(k-\frac{K}{2},\frac{K}{2})} \begin{pmatrix} \frac{K}{2} \\ n \end{pmatrix} (1-pn)^n (p)^{\frac{K}{2}-n} \frac{\left(\frac{pK}{2}\right)^{k-\frac{K}{2}-n}}{\left(k-\frac{K}{2}-n\right)!} e^{-\frac{pK}{2}}, k >> \dfrac{K}{2} \end{cases} \tag{4.11}$$

NW小世界网络模型的度分布为：

$$P(k) = \begin{cases} 0, k < \dfrac{K}{2} \\ \begin{pmatrix} N \\ k-K \end{pmatrix} \left(\dfrac{Kp}{N}\right)^{k-K} \left(1-\dfrac{Kp}{n}\right)^{N-K+k}, k >> K \end{cases} \tag{4.12}$$

当各节点企业的顶点度存在差异时，即供应链网络中有少量“核心节点”和大量“末梢节点”，此时的供应链网络具有小世界特性，称供应链网络是“有序的”。供应链网络有序性的度量值为供应链网络的结构熵H（G），即：

$$H(G) = -\sum_{i=1}^{N} I_i \ln I_i \tag{4.13}$$

2）供应链中断风险传导稳定性分析

当供应链网络内部各节点企业的重要程度大致相当，不存在核心节点企业时，有$I_i = \dfrac{1}{N}$，供应链网络结构熵为：

$$H(G) = -\sum_{i=1}^{N} \frac{1}{N} \ln \frac{1}{N} = \ln N \tag{4.14}$$

此时，供应链网络结构熵为最大值。供应链网络处于无序的随机连接状态，供应链网络内部各节点企业之间很少有连接，是一种纯市场关系，各节点企业间的相互竞争程度与它们同供应链网络外部企业的竞争程度基本相同，基本没有实现产品流动、资金流动、技术与信息流动等方面的共享。

当供应链网络中只有一个核心节点企业时，不妨假定节点企业i为核心节点企业，与其余节点企业均相连，其余节点企业的重要程度较低，均仅与核心节点企业相连，于是：

$$I_i=\frac{k_i}{\sum_{i=1}^{N}k_i}=\frac{N-1}{N-1+\sum_{j\neq i\in G}1}=\frac{N-1}{2(N-1)}=0.5 \tag{4.15}$$

$$I_j=\frac{k_j}{\sum_{j=1}^{N}k_j}=\frac{1}{N-1+\sum_{j\neq i\in G}1}=\frac{1}{2(N-1)}\ (j=1,\ 2,\ \cdots,\ N，且 j\neq i) \tag{4.16}$$

$$H(G)=-\sum_{i=1}^{N}\frac{1}{N}\ln\frac{1}{N}=-0.5\ln 0.5-\sum_{j\in G,j\neq i}\frac{1}{2(N-1)}\ln\frac{1}{2(N-1)}=\frac{\ln 4(N-1)}{2} \tag{4.17}$$

当供应链网络只存在一个核心节点企业时，供应链网络不均匀，网络结构熵较大，其他节点企业均通过该核心节点企业进行联系。若为链式传导路径，当出现供应链中断风险时，供应链中断风险必经核心节点企业向其他有业务关联的节点企业传导；若为网状辐射传导路径，当出现供应链中断风险时，供应链中断风险由核心节点企业向其他有业务关联的节点企业上下传导；若为网状集中传导路径，当出现供应链中断风险时，供应链中断风险由其他有业务关联的节点企业向核心节点企业传导。当核心节点企业的调度能力出现问题时，供应链中断风险容易以此为突破口而爆发。可见，当出现供应链中断风险时，核心节点企业的稳定性对供应链网络整体的稳定性起到至关重要的作用。

当供应链网络中有两个核心节点企业时，不妨假定节点企业1和节点企业2为核心节点企业，与其余节点企业均相连，其余节点企业的重要程度较低，均仅与核心节点企业1和核心节点企业2相连，于是：

$$I_1 = I_2 = \frac{k_i}{\sum_{i=1}^{N} k_i} = \frac{N-2}{N-2+N-2+\sum_{i=3}^{N} 2} = \frac{N-2}{3(N-2)} = \frac{1}{3} \tag{4.18}$$

$$I_i = \frac{k_i}{\sum_{i=1}^{N} k_i} = \frac{1}{N-2+N-2+\sum_{i=3}^{N} 2} = \frac{1}{3(N-2)} \tag{4.19}$$

$$H(G) = -\sum_{i=1}^{N} I_i \ln I_i = -\frac{2}{3}\ln\frac{1}{3} - \sum_{i=3}^{N}\frac{1}{3(N-2)}\ln\frac{1}{3(N-2)} = \frac{\ln 27(N-2)}{3} \tag{4.20}$$

存在两个核心节点企业的供应链网络的结构熵比存在一个核心节点企业的供应链网络的结构熵要小一些，此时供应链网络结构的稳定性要优于仅存在一个核心节点企业的供应链网络结构。

由此可见，在供应链网络中，核心节点企业的稳定性对供应链网络整体的畅通性是至关重要的。供应链网络中任何一个或几个核心节点企业的中断，都会导致供应链网络整体失衡甚至瘫痪，因此在供应链中断风险传导的每个时期，都要关注核心节点企业，尤其是在爆发期和缓解期，核心节点企业应担负起“中断风险领袖”的职责，通过协同合作，引导非核心节点企业一起抵御中断风险，保障供应链网络整体的稳定性。

但与此同时，无论是随机故障，还是蓄意攻击，多重强连接关系或大量弱连接关系的存在会使供应链网络具有较高的鲁棒性和稳定性，因为此时某一个或某几个节点企业的中断，只要没有伤及核心节点企业，其对供应链整体的影响就会极小。多元化连接关系的获取和保持能较好地规避、转化、分散和应对供应链中断风险，故各节点企业应利用多元化的连接关系，应对随机故障和蓄意攻击。

4.3.5 供应链中断风险传导速度

1）交流频率

邓丹等（2005）研究发现，交流频率与最短路径长度两者关系紧密，在某种程度上呈现较明显的倒数关系[235]，交流频率不妨用 δ_{ij} 表示，则满足：

$$\delta_{ij} = \frac{k}{d_{ij}} \text{（k为不确定性常数）} \tag{4.21}$$

在供应链网络中，由于企业规模不同、文化存在差异等原因，各节点企业间产品流动、资金流动、技术交流和信息交流的难易程度可能会不同，故各节点企业可根据自身发展状况及其与其他节点企业的供需关系和竞争关系，给连接边赋予不同的k值。k值越大，交流越容易，表明该节点企业的交流频率越大。由于特征路径长度具有随时间t不断变小的特性，故式（4.21）可修正为：

$$\delta_{ij} = \frac{k}{\min d_{ij}} \text{（k为不确定性常数）} \tag{4.22}$$

综合式（4.2）和式（4.21），供应链网络的特征路径长度可表示为：

$$L(G) = \frac{1}{N(N+1)/2}\sum\frac{k}{\delta_{ij}} \text{（k为不确定性常数）} \tag{4.23}$$

据此可见，交流频率与特征路径长度两者关系紧密，呈现较明显的反比例关系。

2）供应链中断风险传导速度分析

在供应链中断风险传导过程中，供应链各节点企业间的交流频率即为供应链中断风险传导速度。在小世界网络结构下，当供应链中断风险传导开始时，各节点企业可利用供应链网络内部（或外部）的强连接和弱连接建立更多、更短的中断风险传导路径，使节点企业之间的特征路径长度 d_{ij} 不断减小，从而加快供应链中断风险的传导速度，增强中断风险的应对能力。

供应链网络的交流频率与特征路径长度成反比，在供应链中断风险传导的潜伏期、酝酿期、爆发期和缓解期，供应链网络特征路径长度较短的各节点企业间的业务联系会更频繁，中断风险传导能力也更强。因此，各节点企业应更多地选择与空间距离或社会距离较近的节点企业建立新的联系。

4.4 数值分析

基于小世界网络的供应链中断风险传导特性的数值分析，主要是运用MATLAB软件进行数值模拟和分析。

该部分数值模拟和分析主要分以下三种情况：第一种情况是数值模拟特征路径长度L(p)与节点企业建立新联系的概率p之间的关系，如图4-1、图4-2、图4-3和图4-4所示，以分析供应链中断风险传导路径对供应链中断风险传导速度的影响；第二种情况是数值模拟聚类系数C(p)与节点企业建立新联系的概率p之间的关系，如图4-5、图4-6、图4-7和图4-8所示，以分析供应链中断风险传导路径对供应链中断风险传导广度的影响；第三种情况是数值模拟网络节点数N与网络结构熵H(G)之间的关系，如图4-9和图4-10所示，以分析供应链中断风险传导路径对供应链中断风险传导稳定性的影响。考虑到应用度与平均度分析供应链网络特性较直观，故相关的数值模拟和分析没有对此展开研究。

4.4.1 供应链中断风险传导路径数值分析

在中国，供应链内部节点企业一般有3~5个战略合作伙伴，而供应链内部大型节点企业的合作伙伴数目在10个以上[236]。这里不妨取k = 10，当供应链网络节点数N=50、200、800时，特征路径长度L(p)与节点企业建立新联系的概率p的关系分别如图4-1（WS小世界网络）和图4-2（NW小世界网络）所示。

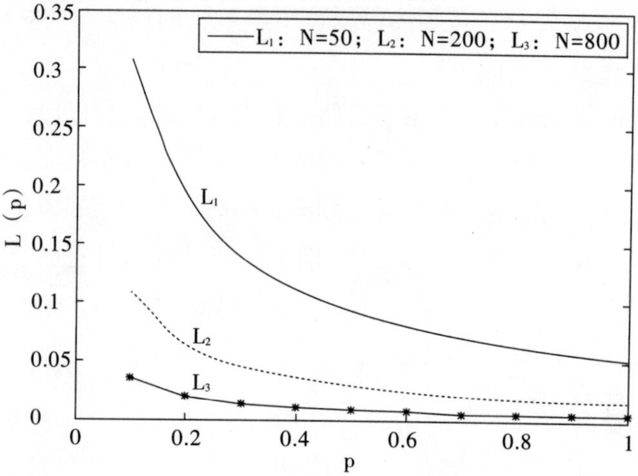

图4-1 k=10，WS小世界网络中L(p)随p的变化趋势图

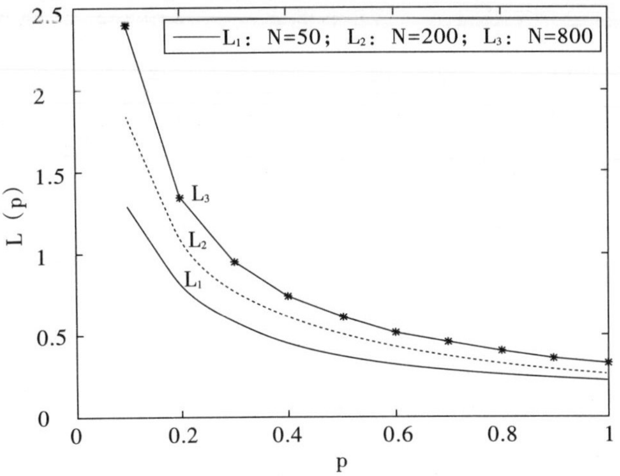

图4-2 k=10，NW小世界网络中L（p）随p的变化趋势图

由图4-1和图4-2可知，在供应链网络中，当p≥0.1时，特征路径长度L（p）随概率p的增加不断下降直至无限趋近于零。这表明，无论是WS小世界网络结构，还是NW小世界网络结构，当各节点企业建立新联系的概率p在0.1附近时，供应链网络呈现较明显的小世界网络特性。当p≈0.1时，WS小世界网络结构及NW小世界网络结构下的供应链网络的特征路径长度较小，供应链中断风险传导路径较短，供应链中断风险传导速度较快。

由图4-1和图4-2还可知，随着节点数N的增大，L（p）曲线有可能不断下移（WS小世界网络），也有可能不断上移（NW小世界网络），即特征路径长度有可能不断变小（WS小世界网络），也有可能不断变大（NW小世界网络），这表明WS小世界网络结构应对中断风险的反应能力相对较强。这是因为，当供应链中断风险传导开始后，较大的供应链网络节点数和较短的特征路径长度能更快地传导中断风险信息，建立更多新联系，加快中断风险传导速度，而较大的供应链网络节点数和较长的特征路径长度会极大减缓供应链网络内部的中断风险传导速度，造成中断风险传导信息迟滞。

在供应链网络中，若网络节点数N=200，当供应链网络中某节点企业的度k=5、10、15时，特征路径长度L（p）与节点企业建立新联系的概率p的关系分别如图4-3（WS小世界网络）和图4-4（NW小世界网络）所示。

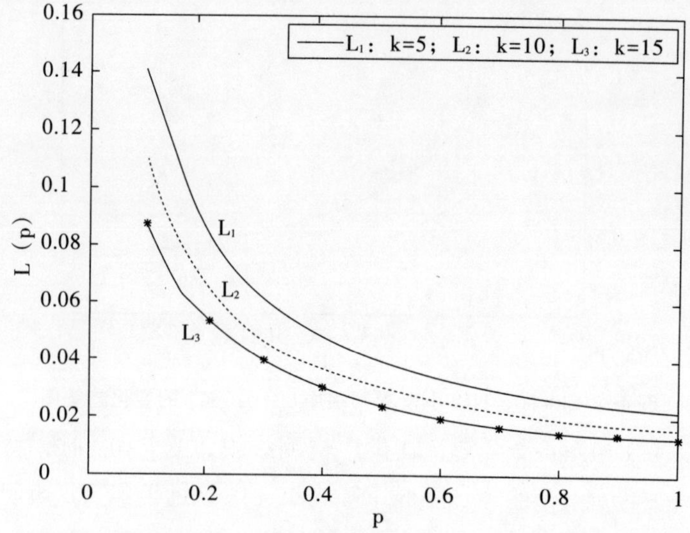

图4-3 N=200时，WS小世界网络中L（p）随p的变化趋势图

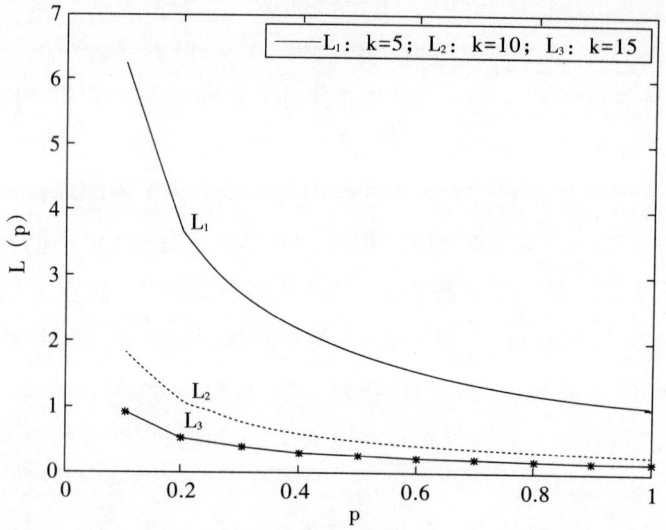

图4-4 N=200时，NW小世界网络中L（p）随p的变化趋势图

由图4-3可知，单条L（p）曲线的变化趋势与图4-1非常相似。由图4-4可知，单条L（p）曲线的变化趋势与图4-2非常相似。由图4-3和图4-4可知，度值k一定时，特征路径长度L（p）与概率p呈负相关

关系。随着度值k的增加，L（p）曲线从L_1向左下方移至L_2再到L_3。

这表明无论是WS小世界网络结构，还是NW小世界网络结构，较大的k值均能有效缩短特征路径长度L（p），加快供应链中断风险的传导速度，两种网络结构下的供应链应对中断风险的反应能力是一样的。这也表明，概率p在0.1附近才能保证中断重建后的供应链网络的特征路径长度较小。在现有供应链网络中，各节点企业若能与未开展业务往来的其他企业建立新联系，则供应链中断风险传导速度会加快，供应链中断风险也能找到新的突破口，这是因为所建立的新联系能明显减小中断风险传导的特征路径长度。当然，若建立的新联系太多，受新成员中断风险的吸收能力、自身的协调能力等方面的影响，供应链中断风险传导的平均路径长度会增长，供应链中断风险的传导速度会减慢。可见，供应链网络新成员数目的多少要在特征路径长度和平均路径长度这两者中寻求平衡。

在供应链中断风险传导的各个时期，节点企业间较短的特征路径长度和较短的中断风险传导路径均能帮助不存在任何直接联系的两个节点企业，通过网络内部现有的供需关系和竞争关系，建立新的强连接或弱连接，实现更短的供应链中断风险传导路径。此时，供应链网络系统应保持高度的开放性，以充分利用供应链网络内部的弱连接关系。当供应链中断风险传导开始时，大量弱连接的引入，扩大了中断风险传导的密度、范围和速度，各节点企业应具备快速识别关键特征路径长度的能力，否则就会错过供应链中断风险传导刚开始时的良机，加大中断风险控制难度，增加各节点企业及供应链整体的经济损失。

4.4.2 供应链中断风险传导广度数值分析

若供应链网络中某节点企业的度值k=5、10、15时，WS小世界网络中供应链网络聚类系数C（p）与节点企业建立新联系的概率p的关系分别如图4-5与图4-6所示。图4-5方便看到局部情况，图4-6方便了解全局。NW小世界网络中供应链网络聚类系数C（p）与节点企业建立新联系的概率p的关系分别如图4-7与图4-8所示。图4-7方便看到局部情况，图4-8方便了解全局。

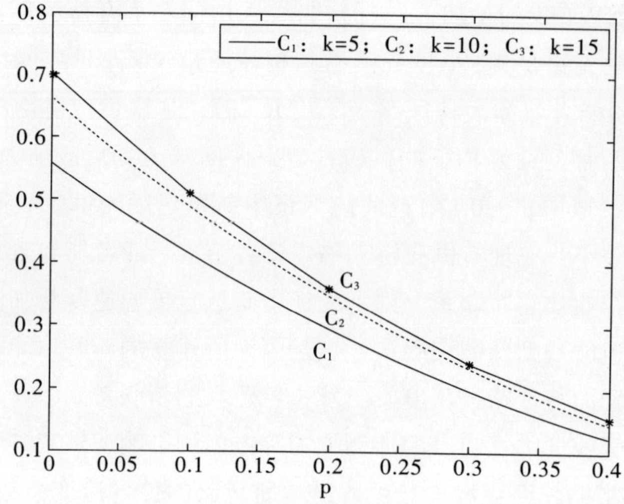

图4-5 k=5、10、15时，WS小世界网络中C（p）随p的变化趋势图

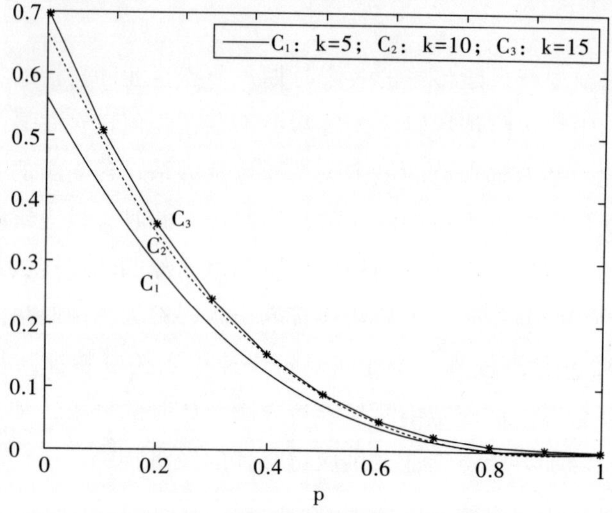

图4-6 k=5、10、15时，WS小世界网络中C（p）随p的变化趋势图

由图4-5、图4-6、图4-7和图4-8可知，当度值k一定时，无论是WS小世界网络结构，还是NW小世界网络结构，网络的聚类系数C（p）随概率p的增大而不断减小，可见聚类系数C（p）与概率p呈负相关关系。当出现供应链中断风险时，较大的聚类系数能提升供应链网

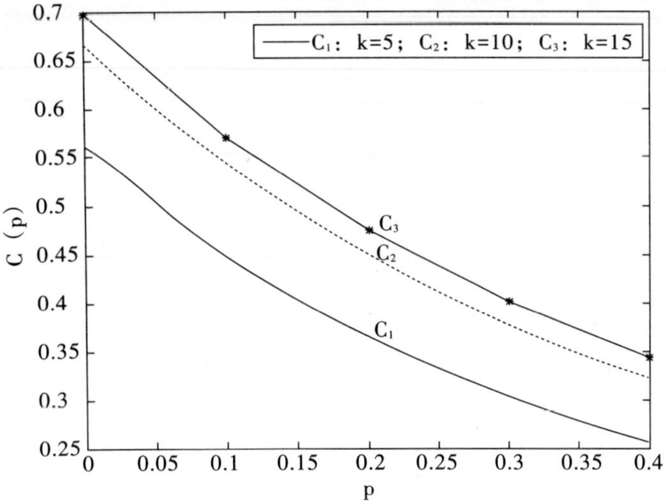

图4-7　k=5、10、15时，NW小世界网络中C（p）随p的变化趋势图

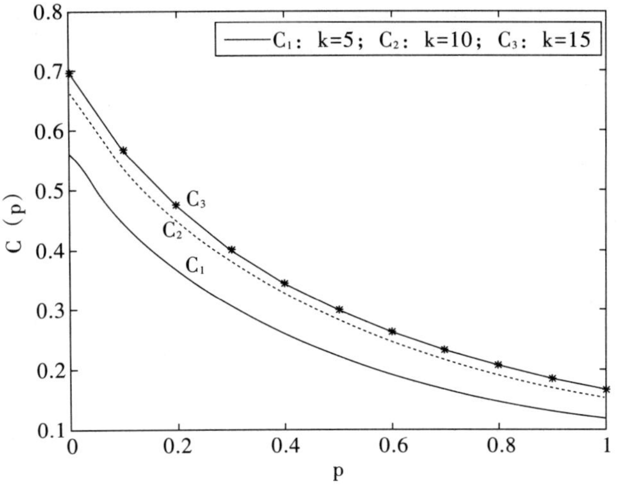

图4-8　k=5、10、15时，NW小世界网络中C（p）随p的变化趋势图

络的中断风险传导速度，并加大中断风险传导范围，减缓中断风险传导信息停滞，有效提升供应链整体的中断风险应对能力。由图4-5、图4-6、图4-7和图4-8还可得知，随着度值k的增大，C（p）曲线从C_1向右上方移至C_2再到C_3，呈现不断向右上方移动的态势。这表明增大度值是提升供应链网络整体聚类系数的有效方法之一。故当出现供应链中断风险时，可通过建立更多的新联系，增加传导通道，方便各节点企业间更

频繁地交流、共享与传导中断信息，促进供应链中断风险信息的共享，以提升供应链网络整体的中断风险传导速度和范围。

在供应链中断风险传导的各时期，对弱连接企业的引入应有一定的准入标准，以保障供应链网络规模不会盲目扩大，不会大幅增加运营成本，不会结构僵化，这样才能壮大供应链网络的实力，提高节点企业间的合作效率，增强应对中断风险的能力。

4.4.3 供应链中断风险传导稳定性数值分析

在供应链网络中，不存在核心节点企业（H_1:0）、仅有一个核心节点企业（H_2:1）和有两个核心节点企业（H_3:2)对应的网络节点数N与网络结构熵H（G）的关系如图4-9和图4-10所示。

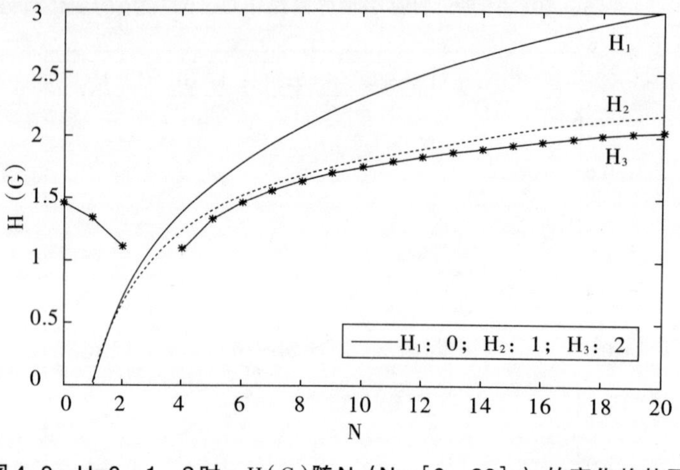

图4-9 H=0、1、2时，H(G)随N（N∈［0，20］）的变化趋势图

在图4-9中，N的取值范围为0至20，以方便看到具体变化过程。在图4-10中，N的取值范围为0至500，以方便看到结果。由图4-9和图4-10可知，当核心节点企业数目固定时，网络结构熵H（G）与网络节点数N呈正相关关系。随着核心节点企业数目的增加，H（G）曲线从H_1向右下方移至H_2再到H_3，即网络结构熵也随之增加，供应链网络从无序状态向有序状态转化。当存在核心节点企业时，在供应链中断风险传导过程中，核心节点企业的稳定性对供应链网络整体的稳定性起到至关重要的作用。

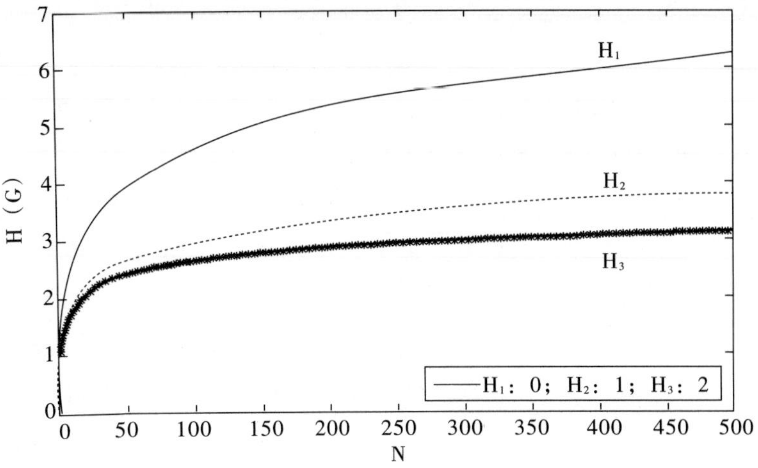

图4-10　H=0、1、2时，H(G)随N（N∈［0，500］）的变化趋势图

在供应链中断风险传导的前后，供应链网络中的节点企业在引入弱连接关系时应提升供应链弹性，尽可能引入多元化的弱连接关系，使度分布趋于均匀化，以规避、转化、分散并应对随机故障类中断风险。但为防范蓄意攻击的中断风险，网络内部的核心节点企业应提高自身的供应链管理水平，及早设立有效的预警机制，提升自身应对随机故障和蓄意攻击的能力。当供应链中断风险传导开始时，核心节点企业应拿出紧急应对方案，作为“中断风险领袖”带领其他节点企业应对供应链中断风险。

4.5　分析结论

控制特征路径长度的长短至关重要。当供应链中断风险传导开始后，较大的供应链网络节点数和较短的特征路径长度能更快地传导中断风险信息，建立更多新联系，加快中断风险传导速度，而较大的供应链网络节点数和较长的特征路径长度会极大减缓供应链网络内部的中断风险传导速度，造成中断风险传导信息迟滞。

供应链网络整体聚类系数应保持适度大小。当节点企业能与更多的节点企业建立强连接和弱连接时，供应链网络整体的聚类系数就会增大，即供应链网络的平均聚类程度加深。故当出现供应链中断风险时，可通过建立更多的新联系，增加传导通道，方便各节点企业间更频繁地交流、共享与传导中断信息，促进供应链中断风险信息的共享，以扩散网络整体的中断风险传导范围。但需要注意的是，当供应链网络整体的聚类系数过大，中断风险传导路径过多和过长时，由于受资源约束和维护成本的限制，供应链网络可能会出现结构僵化的现象，故供应链网络整体的聚类系数并非越大越好，需要保持适度。

适时有效地引入弱连接关系。在供应链中断风险传导的前后，供应链网络中的节点企业在引入弱连接关系时应提升供应链弹性，尽可能引入多元化的弱连接关系，使度分布趋于均匀化，以规避、转化、分散并应对随机故障类中断风险。

保障核心节点企业的持续稳定性。核心节点企业的稳定性对供应链网络整体的畅通性是至关重要的。供应链网络中任何一个或几个核心节点企业的中断，会导致供应链网络整体失衡甚至瘫痪。故在供应链中断风险传导的各个时期，要关注核心节点企业。但为防范蓄意攻击的中断风险，网络内部的核心节点企业应提高自身的供应链管理水平，及早设立有效的预警机制，提升自身应对随机故障和蓄意攻击的能力。当供应链中断风险传导开始时，核心节点企业应拿出紧急应对方案，尤其是在爆发期和缓解期，核心节点企业应担负起“中断风险领袖”的职责，通过协同合作，引导非核心节点企业一起抵御中断风险，保障供应链网络整体的稳定性，带领其他节点企业一起积极应对供应链中断风险。

4.6 本章小结

本章首先通过分析供应链网络的复杂性、供应链中断风险传导路径及传导过程的复杂性，定性判断小世界网络分析方法对供应链中断风险传导路径分析的适用性，然后通过度、平均度、特征路径长度、聚类系数、顶点度、度分布、网络结构熵及交流频率等多统计参量分析供应链中断风险传导路径及供应链中断风险传导过程的传导通道与密度、传导路径、传导广度、传导稳定性及传导速度，其特性分析验证了供应链中断风险传导路径及传导过程的小世界特性：供应链中断风险传导速度与传导路径和网络节点数均呈负相关关系；较短的中断风险传导路径和较大的聚类系数有利于促进供应链中断风险信息的共享，但会加快供应链中断风险传导速度与传导广度；当存在核心节点企业时，核心节点企业的稳定性对供应链中断风险传导过程中供应链网络整体的稳定性起到至关重要的作用。

供应链中断风险传导路径对供应链中断风险传导速度、供应链中断风险传导广度和供应链中断风险传导稳定性等三个方面的影响研究和数值模拟分析表明，当各节点企业能与更多的节点企业建立新的中断风险传导路径时，供应链中断风险传导速度和传导广度会提升，同时传导稳定性会增强。各节点企业通过建立新联系，能扩大供应链网络整体的合作范围，促进供应链中断风险信息共享。这是因为，一方面，较短的中断风险传导路径能帮助不存在任何直接联系的两个节点企业通过较短的路径建立新的直接联系或间接联系，减小节点企业间中断风险信息传导的时滞，缓解各节点企业以及供应链网络整体的中断风险。另一方面，当各节点企业能与更多的节点企业建立中断风险传导路径时，供应链网络整体的聚类系数会增大，即供应链网络的平均集聚程度加深；此外，供应链网络中核心节点企业的丧失对供应链网络整体的稳定性会造成较大冲击，具有较小顶点度的节点企业之间若能建立新的强连接或弱连接，则有利于维护供应链网络整体的稳定性，也能使供应链网络处于一种良性竞争状态。

在供应链中断风险传导的不同阶段，对小世界网络的统计参量要求是不同的。在供应链中断风险传导的潜伏期，可采取有效的预警机制，制定应急准备措施，减缓中断风险的猛烈程度；在酝酿期，较短的特征路径长度与较大的供应链网络聚类系数能降低中断风险传导时滞，提升供应链网络整体的共享信息量，减少不必要的猜疑和恐慌；在爆发期和缓解期，顶点度大的节点企业应担负起“中断风险领袖”的职责，较大的供应链网络聚类系数能促进各节点企业协同合作，较短的特征路径长度能使中断风险信息更快地共享，增强共享的中断风险信息的真实性，各节点企业应通过选择与空间距离或社会距离较近的节点企业建立新的强连接或弱连接，供应链也可建立联合应急互助资金，增强供应链网络整体的风险承受能力，缓解供应链网络整体的中断风险和损失；在遗留期，各节点企业要降低与其他节点企业间的过分依赖程度，降低本节点企业的局部聚类系数，并从组织内部结构着手修复本节点企业，总结经验教训，应对供应链网络存在的遗留问题。故供应链网络整体的聚类系数的大小要根据供应链中断风险传导的不同阶段进行调整。

基于对小世界网络的供应链中断风险传导路径及传导过程的研究，拓展了现有供应链中断风险的分析方法，能对供应链中断风险传导路径进行动态分析，揭示供应链中断风险传导过程的部分规律，并对供应链网络内部各节点企业的结构优化、协作与中断风险传导机理的厘清等有一定帮助。但由于验证小世界网络分析方法适用性的过程复杂，故在供应链中断风险传导过程中，仅进行了定性说明。针对在供应链中断风险传导过程中，各节点企业应如何把握现有的强连接或弱连接，又如何建立新的强连接或弱连接的问题，建议供应链各节点企业可通过加强与非直接联系的上游供应商、后备供应商和平行企业等建立多方面的联系，构建较短的中断风险传导路径，增强中断风险防范与应对能力等。关于这些内容本书没有详细展开，是后续较有价值的研究点。

5 基于无标度网络的供应链中断风险传导特性分析

当供应链中断风险开始传导后，供应链网络规模会发生改变，供应链网络节点数与边关系也会相应改变。小世界网络分析方法的特点是网络节点数不变，仅通过随机重连和随机化加边的方式改变边关系，这与现实中的供应链网络是有出入的。为应对供应链中断风险，供应链网络规模会相应调整，有可能需要调整网络节点数与边关系，以建立更多强连接和弱连接，转化和分散中断风险。有时需要淘汰掉一部分强连接和弱连接，以防止供应链网络结构僵化，并缩减运行成本。鉴于现实中的供应链网络的规模可变性，故应用无标度网络模型更为合理。本章也是基于此，针对供应链中断风险传导路径及传导过程的复杂性特点，应用BA无标度网络对供应链的网络特性进行分析，主要从度、平均度、特征路径长度、聚类系数、顶点度、度分布、网络结构熵及交流频率等多统计参量分析供应链中断风险传导路径及供应链中断风险传导过程的传导通道与密度、传导路径、传导广度、传导稳定性及传导速度，并运用MATLAB软件进行了数值模拟和分析，验证了统计参量分析的正确性。研究发现，相对于小世界网络结构，无标度网络结构下多元化的弱连接关系能使各节点企业建立更多的中断风险传导通道，获得更多具有低冗余度特征的中断风险新信息，能更好地规避、转化、分散和应对随机故障类中断风险，能建立更多、更短的供应链中断风险传导路径，能更好地降低节点企业之间中断风险信息传导的时滞，核心节点企业的中继过渡作用依赖程度更小，供应链网络结构僵化的风险更小。

5.1 引言

近年来，伴随企业全球化采购、非核心业务外包、单源供应、敏捷生产和精益供应等业务模式的发展，供应链在空间上日益拉长，而时间上则日渐缩短；自然灾害、经济波动、流行病等外界环境因素的扰动也有可能发生。供应链的这种时空变化与外界扰动加剧了供应链网络运营环境的不确定性和脆弱性，提高了中断发生的可能性。各类供应链中断事件相继发生，严重影响企业的平稳生产，给企业造成了巨大损失。飞利浦公司是爱立信手机芯片的单源供应商，2000年美国新墨西哥州飞利浦公司的火灾给爱立信公司带来的直接经济损失高达4亿美元，并导致其市场份额下降3%；2008年爆发的金融危机严重影响了全球范围内的供应链，2008年世界500强企业的市值为26.8万亿美元，2009年则惨跌到15.6万亿美元，一年间下跌了11.2万亿美元。供应链节点企业的中断可能在供应链系统中出现间断或连续传导，破坏供应链的安全运行，最终可能引起整条供应链的中断、失效、瘫痪或瓦解。

正是基于此，本章第二部分主要分析无标度网络模型及其适用性，为分析供应链中断风险传导过程引入无标度网络这一独特视角。本章第三部分主要通过度、平均度、特征路径长度、聚类系数、顶点度、度分布、网络结构熵及交流频率等多统计参量分析供应链中断风险传导路径及供应链中断风险传导过程的传导通道与密度、传导路径、传导广度、传导稳定性及传导速度，揭示供应链中断风险传导特性和规律。本章第四部分主要是运用MATLAB软件进行度分布函数与聚类系数这两个统计参量方面的数值模拟和分析。本章第五部分是结果分析与应对策略。

5.2 无标度网络模型及其适用性

Watts和Strogatz（1998）应用网络图解释“六度分离”，并提出了WS小世界网络模型，指出小世界网络特性的统计判定参量主要是平均路径长度和聚类系数[2]。Newman和Watts（1999）在WS小世界网络模型的基础上进行了方法改进，提出了NW小世界网络模型，将改变节点连接方式变为了在最初无直接联系的节点间建立新联系[3]。WS小世界网络模型和NW小世界网络模型均通过研究发现，演员合作网、WWW网和电力网等网络具有较小的平均路径长度和较高的聚类系数，即小世界效应，并以此推断大多数真实网络均具有小世界效应。WS小世界网络模型和NW小世界网络模型均假定网络规模固定，但现实中的网络规模并非一成不变。基于此，Barabdsi和Albert（1999）提出了BA无标度网络模型[9]，并发现网络度分布并不服从Poisson分布（WS小世界网络度和NW小世界网络度分布服从Poisson分布），而是服从幂律分布，即具有无标度网络特性。

供应链网络是一个多主体、多目标和多环节的内部复杂系统，伴随自然、政治、经济和市场等全方位瞬息万变的不确定性外在复杂环境。供应链网络相对复杂。供应链网络的复杂化、节点企业布局分散化和文化差异化等特点，导致供应链中断风险传导过程亦呈现复杂化特性。供应链中断风险传导路径虽有一定的方向性，但是每种传导路径由于外部风险源的复杂性和内部风险传导过程的动态变化，风险扩散强度、风险扩散速度和风险波及范围也不尽相同，可能伴随中断风险的相互影响、相互传染、不断积聚和不断变异。供应链中断风险传导生命周期过程也具有复杂性。鉴于供应链网络、风险传导路径及供应链中断风险传导生命周期过程均为复杂系统，第4章已应用小世界网络分析方法分析供应链中断风险传导路径和传导过程的演化机制。但随着信息技术的发展、企业观念的转变和全球化进程的加剧，处于不同地理位置的企业能突破空间限制，当供应链中断风险开始传导后，供应链网络规模大小会发生改变，供应链网络节点数与边关系也会相应改变。小世界网络分析方法的特点是网络节点数不变，仅通过随机重连和随机化加边的方式改变边关系，这与现实中的供应链网络是有出入的。为应对供应链中断风险，供应链网络规模会相应调整，有可能需要同时调整网络节点数与边关系，以建立更多强连接和弱连接，转化和分散中断风险。有时需要淘汰掉一部分强连接和弱连接，以规避供应链网络结构僵化，并缩减运行成本。鉴于现实中的供应链网络的规模可变性，故应用无标度网络模型更为合理。本章也是基于此，应用BA无标度网络模型分析供应链网络的网络特性。为了简化起见，本章所指的无标度网络即为BA无标度网络。

5.3 基于对比视角的供应链中断风险传导特性分析

这里主要通过度、平均度、特征路径长度、聚类系数、顶点度、度分布、网络结构熵及交流频率等多统计参量分析供应链中断风险传导路径及供应链中断风险传导过程的传导通道与密度、传导路径、传导广度、传导稳定性及传导速度，揭示供应链中断风险传导特性和规律。

5.3.1 供应链中断风险传导通道与密度

1）度与平均度

供应链网络中，供应链各节点企业为供应链网络中的节点，各节点企业间的业务往来关系（如产品流动、资金流动、信息与技术流动等交流关系）为供应链网络中的边，故供应链网络可表示为由各节点企业组成的节点集V和边集E组成的图G。不妨将图G的节点集合记作V(G)，边的集合记作E(G)。供应链节点企业为N, $N=[V(G)]$；节点连接边数为M, $M=[E(G)]$。某节点企业i与该节点连接的其他节点的边数为该节点企业的度，不妨用k_i表示。供应链网络中某节点企业连接的边数越多，表明其与越多的节点企业有产品流动、资金流动和信息技术流动，重要程度越高，越可能是核心节点企业。

平均度$\langle k\rangle$即为供应链网络中所有节点i的度k_i的平均值。

$$\langle k\rangle=\frac{1}{N}\sum_{i=1}^{N}k_i \tag{5.1}$$

2）供应链中断风险传导通道与密度分析

供应链中断风险传导过程中，供应链各节点企业间的度即为供应链中断风险传导通道，平均度$\langle k\rangle$则可反映供应链网络整体的平均通道，即供应链中断风险传导密度。

小世界网络结构下，网络内部节点数固定，但边的关系可以改变。当供应链中断风险传导开始时，可利用边的关系（即度）来增加供应链中断风险传导通道和传导密度。各节点企业可根据网络内部现有的供需关系和竞争关系，利用产品流动、资金流动、信息与技术流动等，在相邻层级下建立更多的弱连接。各节点企业亦可挖掘间接供需关系，利用格拉诺维特理论（即在网络中，拥有两条强连接关系的任何三角关系，第三条一定至少是弱连接，而不可能是无连接），在同级间建立更多的弱连接。此时，供应链网络内部的节点企业可通过弱关系传导中断风险信息，提升供应链网络整体的共享信息量，应对信息失真和变形，提升各节点企业间的协作能力和风险承受能力。

在无标度网络结构下，网络节点数和边的关系可以改变，则可建立更多的弱连接。除可在网络内部建立弱连接外，还可在供应链网络间建立更多的弱连接。此时，某供应链网络内部节点企业可通过弱连接从另一供应链网络中获得低冗余度的中断风险新信息。与相似度高的小世界网络相比，弱关系可形成一个允许信息在更大范围内得到广泛传播的网络结构，摆脱供应链内部文化和组织框架的固化影响。供应链网络内部某节点企业的弱关系越多，其供应链中断风险传导通道就越多，中断风险信息（尤其是敏感信息）拥有量就越大，及时转化和分散中断风险的能力就越强。

5.3.2 供应链中断风险传导路径

1）特征路径长度

供应链网络中任意两个节点企业i和j之间的最短距离d_{ij}可表示为两

个节点要进行交流必须与其他节点企业进行联系的边数最小值。任意两个节点企业i和j之间的最短距离平均值用L(G)表示，即可定义为供应链网络的特征路径长度，则L(G)为：

$$L(G)=\frac{1}{N(N+1)/2}\sum d_{ij} \tag{5.2}$$

假设各节点企业均与其左右相邻的$\frac{k}{2}$个节点企业联系（k为偶数），各节点企业以概率p与新节点企业建立直接交流，则WS小世界网络对应的特征路径长度可表示为：

$$L(p)=\frac{3(k-2)}{k}f(Nkp/2) \tag{5.3}$$

NW小世界网络对应的特征路径长度可表示为：

$$L(p)=\frac{2N}{k}f(Nkp/2) \tag{5.4}$$

WS小世界网络和NW小世界网络虽然规模巨大，但却具有相对较小的特征路径长度，即具有小世界效应，满足：

$$L\propto LN(N) \tag{5.5}$$

BA无标度网络对应的特征路径长度可表示为L(G)，且具有如下特点：

$$L(G)\propto\frac{\log N}{\log\log N} \tag{5.6}$$

该特点表明，无标度网络也具有小世界特性。

2）供应链中断风险传导路径分析

在供应链中断风险传导过程中，供应链任意两个节点企业间的最短距离的平均值即为供应链中断风险传导路径。度值小的节点企业往往倾向于利用与度值大的节点企业所建立的供需关系和竞争关系来与更多度值小的节点企业建立弱连接关系，大大缩短供应链中断风险传导路径，具有小世界效应。

在小世界网络结构下，当供应链中断风险传导开始时，各节点企业可根据网络内部现有的供需关系和竞争关系，利用弱连接关系，在供应链网络内部建立更短的供应链中断风险传导路径，增加节点企业间的深层次沟通次数，获取新信息，加强信息整合，降低节点企业间中断风险信息传导的时滞，缓解各节点企业以及供应链网络整体的中断风险。

在无标度网络结构下，当供应链中断风险传导开始时，各节点企业除可根据网络内部现有的供需关系和竞争关系外，还可根据本条供应链网络之外的供需关系和竞争关系，利用弱连接，建立更多更短的供应链中断风险传导路径，获取低冗余度的中断风险新信息，缓解各节点企业以及供应链网络整体的中断风险。

5.3.3 供应链中断风险传导广度

1）聚类系数

供应链网络中，与某一节点企业直接联系的两个节点企业之间也可能存在直接联系，这种属性称为供应链网络的聚类特性。假设供应链网络中某一节点企业i的度为K_i。这K_i条边对应的对方节点企业称为该节点企业的邻居，将该节点企业与其邻居对应边数的最大值不妨表示为M_i，则$M_i=\frac{K_i(K_i-1)}{2}$。将该节点企业与其邻居实际对应的边数表示为m_i，实际存在的边数和与总的可能边数M的比值即为某节点企业i的聚类系数，不妨用C_i表示，即：

$$C_i(G)=\frac{m_i}{M_i}=\frac{m_i}{K_i(K_i-1)/2} \tag{5.7}$$

供应链网络整体的聚类系数C就是所有节点企业的聚类系数C_i的算术平均值，即：

$$C(G)=\frac{1}{N}\sum_{i=1}^{N}\frac{m_i}{K_i(K_i-1)/2} \tag{5.8}$$

式中：$0\leqslant C\leqslant 1$。当C=0时，表明所有节点企业均为孤立节点，其度值均为0；当C=1时，表明任意两个节点企业的度值均为N-1（节点企业总数为N）。为能将式（5.8）用新选取的节点企业概率p表示并简化计算，聚类系数C可修正为C(p)。

WS小世界网络的聚类系数为：

$$C(p)=\frac{3(k-2)}{4(k-1)}(1-p)^3 \tag{5.9}$$

NW小世界网络的聚类系数为：

$$C(p)=\frac{3(k-2)}{4(k-1)+4kp(p+2)} \tag{5.10}$$

对于BA无标度网络，m表示引入一个新节点时所连接的节点数，经过t步操作，其聚类系数可表示为：

$$C=\frac{m^2(m+1)^2}{4(m-1)}\left[\ln\frac{m+1}{m}-\frac{1}{m+1}\right]\frac{(\ln t)^2}{t} \tag{5.11}$$

这表明当网络规模充分大时，C值无限接近于零。可见，BA无标度网络的聚类特征不明显。

2）供应链中断风险传导广度分析

某节点企业i的聚类系数越大，则对应的供应链中断风险传导通道越多，中断风险传导路径越短，中断风险传导的范围就会越广。小世界网络一般具有较高的聚类系数，而无标度网络的聚类系数要明显小得多。

在小世界网络结构下，当供应链中断风险传导开始时，各节点企业只能利用供应链网络内部的弱连接和强连接关系建立更多中继风险传导通道。小世界网络结构下的各节点企业处于封闭系统中，利用弱连接所建立的中断风险传导通道往往会依赖核心节点企业的中继过渡作用，故往往会增大核心节点企业及供应链网络整体的聚类系数，加快供应链中断风险传导速度，增强供应链网络整体的中断风险控制能力。但在供应链中断风险传导后期，各节点企业要降低与其他节点企业之间的过分依赖关系和局部聚类系数，主要应从组织内部结构着手修复本节点企业。尤其需要注意的是，当供应链网络整体的聚类系数过大时，由于受资源约束和维护成本的限制，可能会导致供应链网络结构僵化，故供应链网络整体的聚类系数也并非越大越好，需要保持适度。

无标度网络结构下的各节点企业处于开放系统中，利用弱连接所建立的中断风险传导通道对核心节点企业的中继过渡作用依赖程度较小，故各节点企业及供应链网络整体的聚类系数并不会明显增大。但在供应链中断风险传导过程中，各节点企业能更多地获取低冗余度的中断风险新信息，提升各节点企业的中断风险应对能力。

5.3.4 供应链中断风险传导稳定性

1）顶点度、度分布和度度相关性

顶点度是各节点企业度的相对指标，能反映其在供应链网络中的相对重要程度，可将某节点企业i的顶点度I_i定义为：

$$I_i = \frac{K_i}{\sum_{i=1}^{N} K_i} \quad (K_i\text{为节点企业}i\text{的度}) \tag{5.12}$$

某节点企业的顶点度越大，意味该节点企业在供应链网络中的地位越重要，越是供应链网络中的关键节点。当各节点企业的度大致相等时，该供应链网络为均匀分布的同质网络。当各节点企业的度存在较大差异，即各节点企业倾向于与度大的节点企业相连时，该供应链网络为异质网络。

供应链网络的同质性和异质性还可用度度相关性ρ衡量：

$$\rho = \frac{M^{-1}\sum K_iK_j - \left[M^{-1}\sum \frac{1}{2}\left(K_i + K_j\right)\right]^2}{M^{-1}\sum \frac{1}{2}\left(K_i^2 + K_j^2\right) - \left[M^{-1}\sum \frac{1}{2}\left(K_i^2 + K_j^2\right)\right]^2} \tag{5.13}$$

式中：M为供应链网络边的总数；K_i、K_j为任意两个节点企业i和j分别对应的度。度度相关性ρ的取值在-1到1之间；当$\rho > 0$时，表明供应链网络为同质网络；当$\rho < 0$时，表明供应链网络为异质网络。

同质网络与异质网络的度分布完全不同。大量研究表明，同质网络的度分布近似为Poisson分布，小世界网络为具有Poisson分布的网络；异质网络的度分布主要服从幂律分布，具有幂律度分布的网络即为无标度网络。供应链网络中节点企业的度分布指的是一个随机选定的节点企业的度恰好为k的概率，不妨用$P(k)$表示。

对于BA网络，由于现存的供应链中节点企业总数为N_0，从具有N_0个节点企业的网络开始，每次引入一个新的节点，并且连到m个已存在的节点上，满足$m \leq N_0$。定义$P(k, t_i, t)$为在t_i时刻加入的节点i在t时刻的度恰好是k的概率具有如下递推关系式：

$$P(k,t_i,t+1)=\frac{k-1}{2t}P(k-1,t_i,t)+\left(1-\frac{k}{2t}\right)P(k,t_i,t) \tag{5.14}$$

通过主方程法可求出BA网络的度分布函数，即：

$$P(k)=\frac{2m(m+1)}{k(k+1)(k+2)}\propto\frac{2m^2}{k^3} \tag{5.15}$$

2）供应链中断风险传导稳定性分析

顶点度和度度相关性这两个统计指标可用于判断供应链网络的同质性和异质性，度分布则可用于判断供应链网络是具有小世界特性还是具有无标度特性。当供应链中断风险传导开始时，不同结构的供应链网络应对中断风险的能力是有差异的，其供应链网络整体的稳定性和鲁棒性也不同。

在小世界网络结构下，各节点企业的度大致相等，度分布趋于均匀化。当供应链中断风险传导开始时，弱连接关系大幅增加，供应链网络中节点企业的度分布趋于均匀化。供应链中断风险传导形式，无论为随机故障，还是蓄意攻击，弱连接关系的存在都会使供应链网络具有较高的鲁棒性和稳定性。

在无标度网络结构下，绝大多数节点企业的度很小，少量节点企业的度较大，极少量核心节点企业的度非常大，从而使度分布具有显著的异质性。当供应链中断风险传导开始时，弱连接关系大幅增强，供应链网络中绝大多数节点企业的度分布趋于均匀化。若为随机故障，绝大多数节点企业的中断对供应链整体的影响极小，弱连接关系的存在会使供应链网络具有更好的鲁棒性和稳定性，多元化的弱连接关系的存在能较好地规避、转化、分散和应对中断风险；若为蓄意攻击，弱连接关系的存在则无能为力，因为极少量核心节点企业的中断即可破坏供应链的安全运行，最终导致整条供应链失效、瘫痪或瓦解。但现实中的供应链网络一般具有少量核心节点和大量末梢节点，无标度特性更强，故对随机故障和蓄意攻击，在利用弱连接关系的基础上还需采用不同的防范措施。

5.3.5 供应链中断风险传导速度

1）交流频率

邓丹等（2005）研究发现，交流频率δ_{ij}与最短路径长度d_{ij}之间成反比例关系[235]，即：

$$\delta_{ij}=\frac{k}{d_{ij}}\ \text{（k为不确定常数）} \tag{5.16}$$

在供应链网络中，各节点企业可根据自身发展状况及与其他节点企业的供需关系和竞争关系，给连接边赋予不同的k值。k值越大，表明该节点企业的交流频率越大。由于特征路径长度具有随时间t不断变小的特性，故式（5.16）可修正为：

$$\delta_{ij}=\frac{k}{\min d_{ij}} \tag{5.17}$$

综合式（5.2）和式（5.17），供应链网络的特征路径长度可表示为：

$$L(G)=\frac{1}{N(N+1)/2}\sum\frac{k}{\delta_{ij}}\ \text{（k为不确定常数）} \tag{5.18}$$

据此可见，供应链网络的交流频率与特征路径长度成反比。

2）供应链中断风险传导速度分析

供应链中断风险传导过程中，供应链各节点企业间的交流频率即为供应链中断风险传导速度。在小世界网络结构和无标度网络结构下，当供应链中断风险传导开始时，各节点企业可利用供应链网络内部（或外部）的弱连接关系建立更多、更短的中断风险传导路径，使节点企业之间的特征路径长度d_{ij}不断减小，从而加快供应链中断风险的传导速度，增强中断风险的应对能力。

5.4 数值模拟及分析

基于BA无标度网络的供应链中断风险传导特性的数值分析，主要是运用MATLAB软件进行数值模拟和分析。

相对于小世界网络，无标度网络的度与平均度、特征路径长度、网络结构熵等多统计参量特性基本相似，故本部分的数值模拟和分析不再重复进行。而这两种网络在度分布函数与聚类系数这两个统计参量的特性上完全不同，故本部分的数值模拟和分析以此为重点。

本部分的数值模拟和分析主要分两种情况展开：第一种情况是选用度分布函数指标进行模拟及分析，如图5-1、图5-2、图5-3和图5-4所示，因度分布可判断供应链网络是具有小世界特性还是具有无标度特性；第二种情况是数值模拟聚类系数C(t)与时间t之间的关系，如图5-5和图5-6所示，以分析供应链中断风险传导路径对供应链中断风险传导广度的影响。

5.4.1 度分布函数

在笛卡尔坐标下，若引入一个新节点时所连接的节点数m=2、5、10，度分布函数P(k)与k的关系如图5-1和图5-2所示。图5-1中k值取值范围为0至10，以方便看到具体变化过程。图5-2中，k值取值范围为0至50，以方便看到结果。由图5-1和图5-2可知，绝大多数节点企业的度值小于4，表示绝大多数节点企业仅与4家或4家以下的节点企业存在直接联系，也可以推断出，只有极少数节点企业的度值很大，与大量节点企业均存在直接联系。可见，该供应链网络的异质性特征显著。由图5-1和图5-2还可知，度分布函数值越小，节点度分布差异越大，异质网络特性越强。由图5-2还可知，这样的度分布函数明显服从幂律分布，由此可推断该供应链网络为无标度网络。

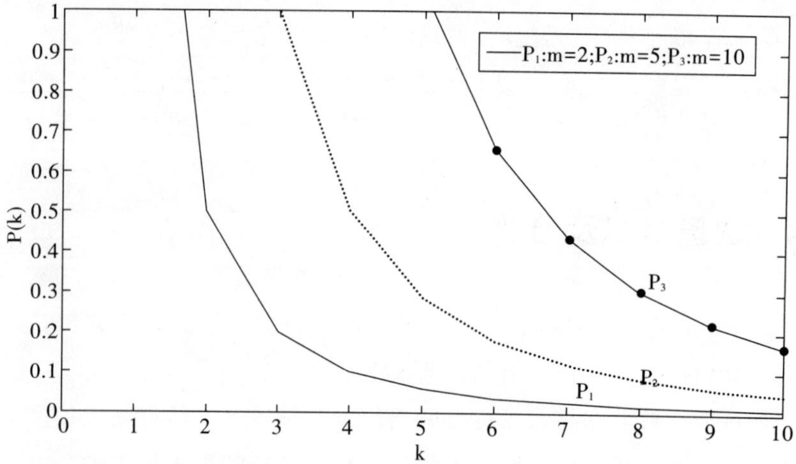

图5-1 在笛卡尔坐标下，m=2、5、10时，P（k）随k的变化趋势图

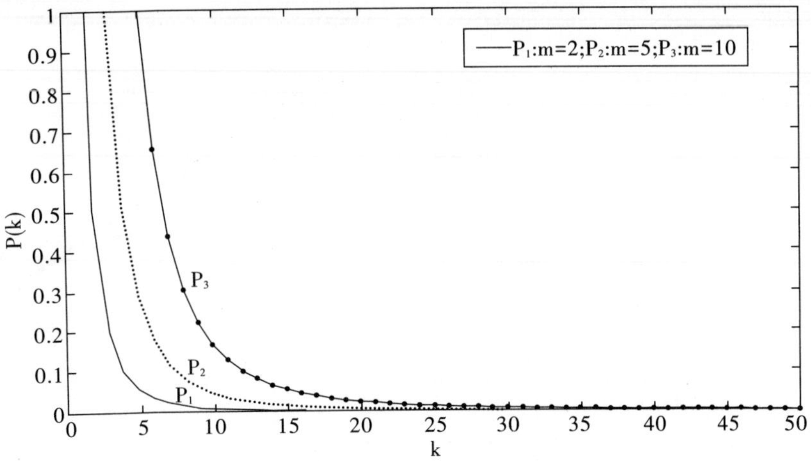

图5-2　在笛卡尔坐标下，m=2、5、10时，P（k）随k的变化趋势图

在双对数坐标下，若引入一个新节点，所连接的节点数m=2、5、10，度分布函数P(k)与k的关系如图5-3和图5-4所示。图5-3中，k值取值范围为0至10，以方便看到具体变化过程。图5-4右，k值取值范围为0至50，以方便看到结果。由图5-3和图5-4可知，度分布函数在双对数坐标下呈线性关系，可见，该函数服从幂律分布，由此可推断该供应链网络为无标度网络。由图5-3和图5-4还可知，图中各直线的斜率即为无标度网络的度分布函数。

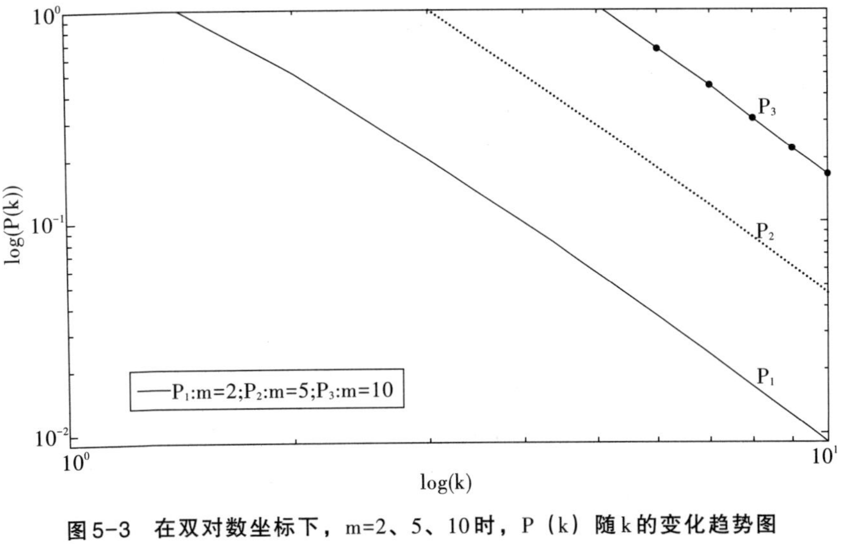

图5-3　在双对数坐标下，m=2、5、10时，P（k）随k的变化趋势图

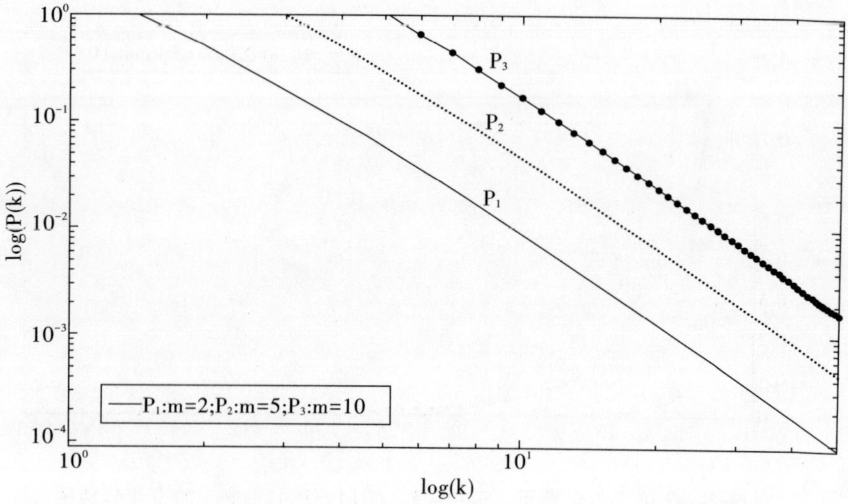

图5-4　在双对数坐标下，m=2、5、10时，P（k）随k的变化趋势图

在此需要说明的是，网络结构熵和度分布函数虽均为应链中断风险传导稳定性统计参量，但在上章供应链中断风险传导稳定性数值分析部分选用的统计参量是网络结构熵，在本章供应链中断风险传导稳定性数值分析部分选用的统计参量是度分布函数，这是有原因的。在上章选用网络结构熵，是为了更好地分析网络的鲁棒性。在本章选用度分布函数，是为了更好地分析网络的异质性和无标度网络特性。

为了能更好地展示供应链中断风险传导，还将进行综合比较分析。在小世界网络结构下，各节点企业的度大致相等，度分布趋于均匀化，为同质网络。在无标度网络结构下，绝大多数节点企业的度很小，少量节点企业的度较大，极少量核心节点企业的度非常大，从而使度分布具有显著的异质性。

当供应链中断风险传导开始时，弱连接关系大幅增加，网络中节点企业的度分布将更趋于均匀化。此时供应链中断风险传导形式若为随机故障，弱连接关系的存在会使供应链网络具有较高的鲁棒性和稳定性。此时供应链中断风险传导形式若为蓄意攻击，蓄意攻击的对象为核心节点企业，则会破坏供应链的安全运行，最终导致整条供应链失效、瘫痪或瓦解。但相对而言，无标度网络结构应对蓄意攻击的能力更弱。故针对随机故障和蓄意攻击，在利用弱连接关系的基础上还需针对不同网络结构采用不同的防范措施。

5.4.2 聚类系数

若引入一个新节点，所连接的节点数m = 2、5、10，供应链网络的聚类系数C(t)与t的关系如图5-5和图5-6所示。图5-5中，t值的取值范围为0至10，以方便看到具体变化过程。图5-6中，t值的取值范围为0至50，以方便看到结果。由图5-5和图5-6可知，随着时间的推移，网络的聚类系数C(t)呈现先增后减态势。由图5-5和图5-6还可得知，随着m值的增加，C(t)曲线不断向右上方移动，可见，较大的m值能有效提升供应链网络的聚类系数。

由于较大的m值能有效提升供应链网络的聚类系数，故当出现供应链中断风险时，可通过建立更多的新联系、增加传导通道来方便各节点企业间更频繁地交流、共享与传导中断信息，促进供应链中断风险信息的共享，以提升网络整体的中断风险传导速度和范围，这个结论与小世界网络结论是一致的。

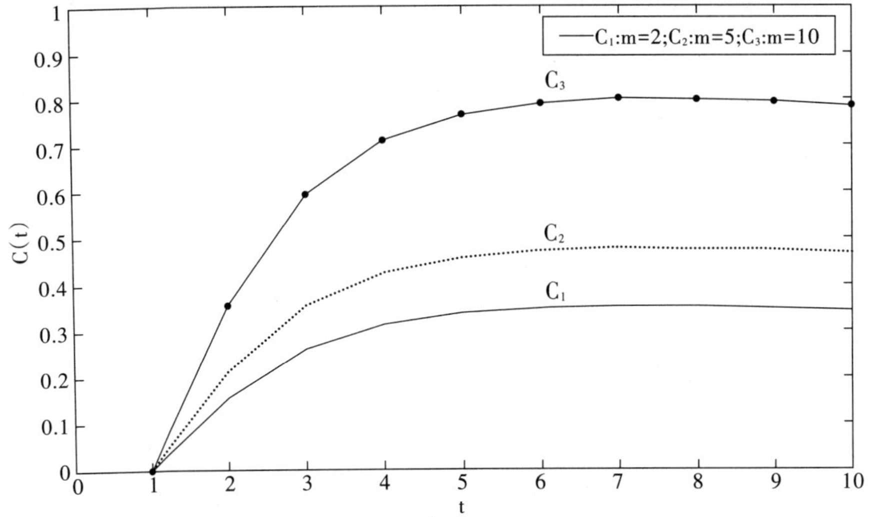

图5-5 m=2、5、10时，C(t)随t的变化趋势图

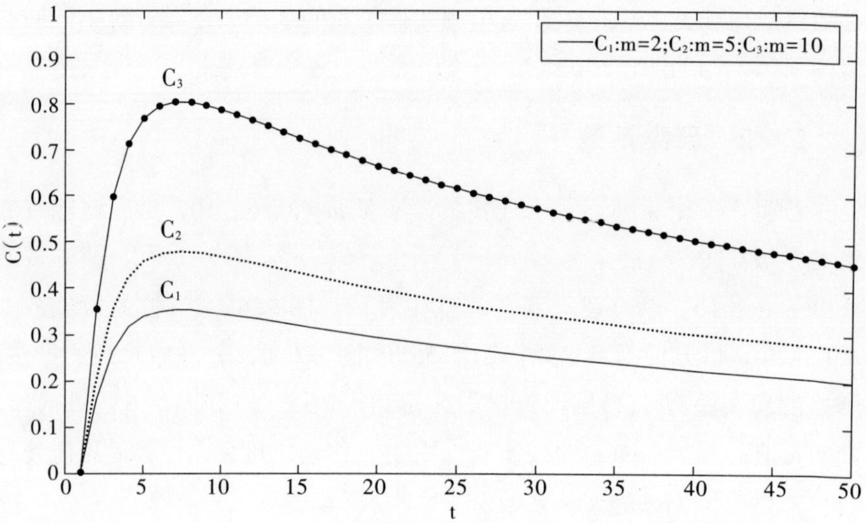

图5-6 m=2、5、10时，C(t)随t的变化趋势图

随着时间的推移，网络的聚类系数C(t)呈现先增后减态势，这是因为无标度网络结构下的各节点企业处于开放系统，可利用弱连接建立中断风险传导通道，对核心节点企业的中继过渡作用依赖程度较小。但小世界网络结构下的各节点企业处于封闭系统，利用弱连接所建立的中断风险传导通道往往会依赖核心节点企业的中继过渡作用，此时，往往会增大核心节点企业及供应链网络整体的聚类系数，可能会导致供应链网络结构僵化。在这一点上，小世界网络与无标度网络的特性是完全不同的。

5.5 结果分析与应对策略

5.5.1 结果分析

1）相比小世界网络，无标度网络具有弱连接关系构建优势

在无标度网络结构下，网络节点数和边的关系可以改变，则可建立更多的弱连接。除可在网络内部建立弱连接外，还可在供应链网络间建立更多的弱连接。此时，某供应链网络内部节点企业可通过弱连接从另

一供应链网络中获得低冗余度的中断风险新信息。与相似度高的小世界网络相比，弱关系可形成一个允许信息在更大范围内得到广泛传播的网络结构，摆脱供应链内部文化和组织框架的固化影响。供应链网络内部某节点企业的弱关系越多，其供应链中断风险传导通道就越多，中断风险信息（尤其是敏感信息）拥有量就越大，及时转化和分散中断风险的能力就越强。

2）相比小世界网络，无标度网络不会导致网络结构僵化

随着时间推移，无标度网络的聚类系数呈现先增后减态势，这是因为无标度网络结构下的各节点企业处于开放系统中，可利用弱连接建立中断风险传导通道，对核心节点企业的中继过渡作用依赖程度较小。但小世界网络结构下的各节点企业处于封闭系统，利用弱连接所建立的中断风险传导通道往往会依赖核心节点企业的中继过渡作用，此时，往往会增大核心节点企业及供应链网络整体的聚类系数，可能会导致供应链网络结构僵化。在这一点上，小世界网络与无标度网络的特性是完全不同的。

3）相比小世界网络，无标度网络结构应对蓄意攻击的要求更高

在小世界网络结构下，各节点企业的度大致相等，度分布趋于均匀化，为同质网络。在无标度网络结构下，绝大多数节点企业的度很小，少量节点企业的度较大，极少量核心节点企业的度非常大，从而使度分布具有显著的异质性。当供应链中断风险传导开始时，弱连接关系大幅增加，网络中节点企业的度分布将更趋于均匀化。此时供应链中断风险传导形式若为随机故障，弱连接关系的存在会使供应链网络具有较高的鲁棒性和稳定性。此时供应链中断风险传导形式若为蓄意攻击，蓄意攻击的对象为核心节点企业，则会破坏供应链的安全运行，最终导致整条供应链失效、瘫痪或瓦解。故相对而言，无标度网络结构应对蓄意攻击的能力较弱。故针对随机故障和蓄意攻击，在利用弱连接关系的基础上还需针对不同网络结构采取不同的防范措施。

5.5.2 应对策略

供应链网络系统内部应保持高度的开放性，以充分利用链条之间的

弱连接，但对弱连接企业应有一定的准入标准，以保障供应链网络规模不会盲目扩大，不会大幅增加运营成本，不会结构僵化，而是壮大供应链网络的实力，提高节点企业间的合作效率，增强应对中断风险的能力。

供应链网络中的节点企业在引入弱连接关系时，供应链网络整体的可见性较低。供应链网络中的节点企业在对存在竞争关系的同级节点企业（或其他供应链网络上存在平行竞争关系的节点企业）的经营状况和存货流动情况的了解程度低，对存在供需关系的邻级节点企业（或其他供应链网络上存在隐形供需关系的节点企业）的经营状况和存货流动情况的把握程度也不高。当面对中断风险时，往往难以找到原因，故各节点企业在引入弱连接企业前后，应考察弱连接企业的生产运营情况，提升供应链网络的可见性，构建高效率的供应链网络。

供应链网络中的节点企业可与引入的弱连接企业签订合同，应对中断风险。例如，供应链网络中的节点企业可与存在竞争关系的同级节点企业（或其他供应链网络上存在平行竞争关系的节点企业）签订转运合同，当一方货物供给中断而另一方有剩余产品时通过及时转运提高订单满足率，降低供应链中断风险概率。又如，供应链网络中的节点企业可与存在供需关系的邻级节点企业（或其他供应链网络上存在隐形供需关系的节点企业）签订柔性合同，通过分阶段执行合同方式应对市场的不确定性。这种柔性合同的最大好处是平时只需极小的成本维持特定的供需关系，而在供应链中断风险传导开始时马上可利用已建立的弱连接关系应对中断风险。

供应链网络中的节点企业在引入弱连接关系时应提高供应链弹性，尽可能引入多元化的弱连接关系，使度分布趋于均匀化，以规避、转化、分散并应对随机故障类中断风险。但为防范蓄意攻击的中断风险，网络内部的核心节点企业应提高自身的供应链管理水平，及早设立有效的预警机制，提升自身应对不确定和蓄意攻击的能力。当供应链中断风险传导开始时，核心节点企业可拿出紧急应对方案，作为中断风险领袖带领其他节点企业应对中断风险。供应链网络要提升供应链网络的整体弹性，以应对各种干扰。

供应链网络在引入弱连接关系时，各节点企业应具备识别关键特征路径长度的能力。当供应链中断风险传导开始时，大量弱连接的引入，扩大了中断风险传导的密度、范围和速度，各节点企业若不能快速识别关键特征路径长度，则会错过供应链中断风险传导刚开始时的良机，加大中断风险控制难度，加大各节点企业及供应链整体的经济损失。

5.6 本章小结

现实中的供应链网络是一个开放系统，节点企业数与边关系均可改变。故应用无标度网络模型分析供应链中断风险传导更为合理。本章正是基于此，针对供应链中断风险传导路径及传导过程的复杂性特点，应用BA无标度网络对供应链进行网络特性分析，主要从度、平均度、特征路径长度、聚类系数、顶点度、度分布、网络结构熵及交流频率等多统计参量分析供应链中断风险传导路径及供应链中断风险传导过程的传导通道与密度、传导路径、传导广度、传导稳定性及传导速度，并运用MATLAB软件进行了数值模拟和分析，验证了统计参量分析的正确性。

在小世界网络结构下，各节点企业的度大致相等，度分布趋于均匀化，为同质网络。无标度网络结构下，绝大多数节点企业的度很小，少量节点企业的度较大，极少量核心节点企业的度非常大，从而使度分布具有显著的异质性。当供应链中断风险传导开始时，弱连接关系大幅增加，网络中节点企业的度分布将更趋于均匀化。此时供应链中断风险传导形式若为随机故障，弱连接关系的存在会使供应链网络具有较高的鲁棒性和稳定性。此时供应链中断风险传导形式若为蓄意攻击、蓄意攻击的对象为核心节点企业，则会破坏供应链的安全运行，最终导致整条供应链失效、瘫痪或瓦解。但相对而言，无标度网络结构应对蓄意攻击的能力更弱。故针对随机故障和蓄意攻击，在利用弱连接关系的基础上还需针对不同网络结构采用不同的防范措施。

随着时间的推移，网络的聚类系数C(t)呈现先增后减态势，这是因为无标度网络结构下的各节点企业处于开放系统，可利用弱连接建立中断风险传导通道，对核心节点企业的中继过渡作用依赖程度较小。但小世界网络结构下的各节点企业处于封闭系统，利用弱连接所建立的中断风险传导通道往往会依赖核心节点企业的中继过渡作用，此时，往往会增大核心节点企业及供应链网络整体的聚类系数，可能会导致供应链网络结构僵化。在这一点上，小世界网络与无标度网络的特性是完全不同的。

相对于小世界网络结构，无标度网络结构下多元化的弱连接关系能使各节点企业建立更多的中断风险传导通道，获得更多具有低冗余度特征的中断风险新信息，能更好地规避、转化、分散和应对随机故障类中断风险，能建立更多更短的供应链中断风险传导路径，能更好地降低节点企业之间中断风险信息传导的时滞，核心节点企业的中继过渡作用依赖程度更小，供应链网络结构僵化的风险更低。

基于无标度网络的供应链中断风险传导过程的研究，拓展了现有供应链中断风险的分析方法，能对供应链中断风险传导进行动态分析，能揭示供应链中断风险传导过程的部分规律，并对供应链网络内部各节点企业的结构优化、协作与中断风险传导机理的厘清等有一定帮助。

6 供应链中断风险预测模型构建

供应链中断是各类突发事件的直接结果，对供应链节点企业和供应链整体均带来了多重负面影响，甚至可能导致供应链瘫痪和瓦解。供应链网络由节点和边组成。供应链各节点企业为供应链网络中的节点，各节点企业间的业务往来关系（如产品流动、资金流动、信息与技术流动等交流关系）为供应链网络中的边。在供应链中断风险传导路径及传导过程中，产品需求具有高度不确定性，严重影响产品流动，带来运输中断和需求中断，并对供应商的生产和库存影响很大，供应链中断预测问题暂没有好的解决方案。本章正是基于此，构建了供应链中断风险预测模型。构建过程如下：先利用传统GM（1，1）模型针对供应链中断的时间序列进行预测，由于数据的突变和不平稳导致了预测精度较差；然后在此基础上分别采用变起点GM（1，1）模型和新陈代谢GM（1，1）模型对传统GM（1，1）模型进行改进，挑选出高精度与高拟合度的最优预测模型确定最优的维数；最优的维数为神经网络模型输入层神经元个数，最后应用改进的神经网络进行预测。这种改进的灰色BP神经网络预测方法突破了传统灰色GM（1，1）模型对原始数据序列需要呈现或基本呈现指数增长态势且数据变化速度适中的要求，体现了神经网络良好的非线性逼近特性，提高了拟合程度与预测精度，增强了预测的平稳性与可靠性，能应用于供应链中断或突变的时间序列数据预测，较好地解决了供应链中断预测问题。预测结果可为供应链企业的生产、库存管理和需求预测提供科学指导。

6.1 引言

近年来，随着供应链管理方法、技术和管理策略的深入应用，精益生产、全球采购、业务外包和集中化等管理策略被广泛采用，供应链在空间上越拉越长，而在时间上则越缩越短，各类公共突发事件也频繁发生，使得供应链变得脆弱，发生供应链中断的概率也可能提高。此种背景下，许多学者针对供应链中断风险展开深入研究，但主要是针对供应链日常运作风险的定性研究和基于供应链设计、供应链应急协调的定量研究。

目前，研究需求高度不确定性条件下的供应链中断风险预测问题的文献相对较少，本书正是以此为出发点。本书对传统灰色预测模型进行了改进，并在改进的灰色预测模型中挑选出高精度与高拟合度的最优预测模型，确定最优的维数，为神经网络模型输入层神经元个数的确定提供科学依据。

本章内容具体安排如下：第二部分和第三部分对传统GM（1，1）模型和改进的GM（1，1）模型进行分别介绍；第四部分和第五部分对BP神经网络和改进的BP神经网络分别进行介绍；第六部分介绍将灰色预测GM（1，1）模型和BP神经网络这两种理论或方法进行结合所建立的新组合模型，即改进的灰色BP神经网络预测模型，其构建过程是从灰色预测模型中挑选出高精度与高拟合度的最优预测模型，确定最优的维数，最优维数即为BP神经网络输入层神经元个数，以期为神经网络模型输入层神经元个数的确定提供科学依据、提高模型的拟合程度与预测精度、增强预测的平稳性与可靠性。

6.2 传统GM（1，1）模型

灰色预测GM（1，1）模型是通过对原始时间序列进行一次累加生成强递增数据序列，建立相应的近似微分方程，来表现数据序列发展规律，其建模和求解过程如下。

1）累加生成序列$x^{(1)}$

给定原始时间序列$x^{(0)}=\left(x^{(0)}(1),x^{(0)}(2),\cdots,x^{(0)}(n)\right)$，其中，n为原始数据个数，对$x^{(0)}$进行一次累加生成序列$x^{(1)}$，即I-AGO，得$x^{(1)}=\left(x^{(1)}(1),x^{(1)}(2),\cdots,x^{(1)}(n)\right)$，其中，$x^{(1)}(i)=\sum_{i=1}^{n}x^{(0)}(i)$，$i=1,2,\cdots,n$；以下不做特殊说明，i的取值与此相同。

2）检验$x^{(0)}$的准光滑性和$x^{(1)}$的准指数规律

检验$x^{(0)}$的准光滑性的步骤如下：①计算准光滑系数，准光滑系数的计算公式是$p(i+1)=\frac{x^{(0)}(i+1)}{x^{(1)}(i)}$；②当$p(i)<0.5$时一般认为$x^{(0)}$满足准光滑条件[203]。

检验$x^{(1)}$的准指数规律的步骤如下：①计算准指数规律指标，准指数规律指标的计算公式是$\sigma^{(1)}(i+1)=\frac{x^{(1)}(i+1)}{x^{(1)}(i)}$；②当$\sigma^{(1)}(i)\in[1,1.5]$时一般认为$x^{(1)}$满足准指数规律[203]。

3）求解白化微分方程和灰微分方程

若$x^{(0)}$满足准光滑条件，$x^{(1)}$满足准指数规律，即$p(i+1)<0.5$，$\sigma^{(1)}(i+1)\in[1,1.5]$，则GM（1，1）的白化微分方程为：

$$\frac{dx^{(1)}}{dt}+ax^{(1)}=b \tag{6.1}$$

式中：a为发展灰度；b为灰色作用量；a和b均为待定系数；t表示时间；由于$x^{(1)}(i)-x^{(1)}(i-1)=x^{(0)}(i)$，故$x^{(0)}(i)$为灰导数；背景值$x^{(1)}(i)$为灰数，且$x^{(1)}(i)$与灰导数不满足平射关系。传统方法是对序列$x^{(1)}$采用紧邻均值生成序列$w^{(1)}$，即$w^{(1)}=\left(w^{(1)}(1),w^{(1)}(2),\cdots,w^{(1)}(n)\right)$，其中，$w^{(1)}(i+1)=0.5x^{(1)}(i)+0.5x^{(1)}(i+1)$，则白化微分方程对应的灰微分

方程为：

$$x^{(0)}(i)+aw^{(1)}(i)=b \tag{6.2}$$

4）构造常数矩阵Y、矩阵A及矩阵B

构造矩阵B、常数矩阵Y及矩阵A，其中，$B=\begin{bmatrix}-w^{(1)}(2) & 1\\ \vdots & \vdots\\ -w^{(1)}(n) & 1\end{bmatrix}$，$Y=\begin{bmatrix}x^{(0)}(2)\\ \cdots\\ x^{(0)}(n)\end{bmatrix}$，$A=\begin{bmatrix}a\\ b\end{bmatrix}$，于是式（6.2）可等价变形为：

$$Y=BA \tag{6.3}$$

对于两个未知系数（a和b）的n－1个方程是无解的，此时考虑利用最小二乘法近似得到$\hat{A}=\left(B^TB\right)^{-1}B^TY$，可求出近似解$\hat{a}$和$\hat{b}$。

5）求解离散响应函数

将$\hat{a}$和$\hat{b}$代入灰微分方程，求得离散响应函数：

$$\begin{cases}\widehat{x^{(1)}}(1)=x^{(0)}(1)\\ \widehat{x^{(1)}}(i+1)=\dfrac{\hat{b}}{\hat{a}}+e^{-\hat{a}i}\left(x^{(1)}(0)-\dfrac{\hat{b}}{\hat{a}}\right)\end{cases}\quad i\geqslant 1 \tag{6.4}$$

6）求解原始数据的预测值

对$\widehat{x^{(1)}}(i+1)$累减还原，得到原始数据的预测值：

$$\begin{cases}\widehat{x^{(0)}}(1)=x^{(0)}(1)\\ \widehat{x^{(0)}}(i+1)=\widehat{x^{(1)}}(i+1)-\widehat{x^{(1)}}(i)\end{cases}\quad i\geqslant 1 \tag{6.5}$$

7）精度检验

精度检验主要包含逐点检验、后验差比值检验和小误差频率检验三类检验。逐点检验主要是指绝对误差检验和相对误差检验，公式如下：

$$绝对误差：\varepsilon^{(0)}(i)=x^{(0)}(i)-\widehat{x^{(0)}}(i) \tag{6.6}$$

$$相对误差：e(i)=\frac{\varepsilon(t)}{x^{(0)}(i)}\times 100\% \tag{6.7}$$

后验差比值检验的步骤如下：

①计算S_1、S_2和后验差比值C：

$$S_1=\sqrt{\frac{1}{n}\sum_{i=1}^{n}\left[x^{(0)}(i)-\bar{x}^{(0)}\right]^2}，其中，\bar{x}^{(0)}=\frac{1}{n}\sum_{i=1}^{n}x^{(0)}(i) \tag{6.8}$$

$$S_2=\sqrt{\frac{1}{n}\sum_{i=1}^{n}\left[\varepsilon(i)-\bar{\varepsilon}^{(0)}\right]^2}，其中，\bar{\varepsilon}^{(0)}=\frac{1}{n}\sum_{i=1}^{n}\varepsilon^{(0)}(i) \tag{6.9}$$

$$C=\frac{S_2}{S_1} \tag{6.10}$$

② C越小，表明预测误差变动的幅度越小，故精度越高。一般认为，当$C\in[0.35,0.65]$时为可接受精度范围。

小误差频率检验的步骤如下：

①计算小误差频率P：

$$P=\left\{P\left|\varepsilon(i)-\bar{\varepsilon}\right|<0.6745S_1\right\} \tag{6.11}$$

②当$P\in[0.7,0.95]$时为可接受精度范围[204]；P越大，表明误差较小的概率越大，故精度越高。

逐点检验、后验差比值检验和小误差频率检验这三类检验的精度检验级别与结果见表6-1。

表6-1 **精度检验**

级别	结果	平均相对误差（ARE）$\overline{e(i)}$	后验差比值C	小误差频率P
1	很好	≤0.01	<0.35	>0.95
2	好	≤0.05	<0.50	>0.80
3	一般	≤0.1	<0.65	>0.70
4	不合格	≤0.20	≥0.65	≤0.70

8）拟合度检验

灰色关联分析是通过确定原始序列和预测序列的几何形状的相似程度来判断其紧密程度，从而对原始序列动态发展态势进行量化比较分析，其步骤是将预测序列与原始序列进行无量纲化处理，计算关联系数和关联度，再根据关联度的大小判定紧密程度。计算步骤如下所示。

第1步，变量的无量纲化，求原始序列与预测序列的初值像（或均值像），这里选用初值像：

$$x^{(0)'}=\frac{x^{(0)}}{x^{(0)}(1)}，\widehat{x^{(0)}}'=\frac{\widehat{x^{(0)}}}{\widehat{x^{(0)}}(1)} \tag{6.12}$$

第2步，计算关联系数ξ_i：

$$\xi_i(k)=\frac{\min\limits_i\min\limits_k|y(k)-x_i(k)|+\rho\max\limits_i\max\limits_k|y(k)-x_i(k)|}{|y(k)-x_i(k)|+\rho\max\limits_i\max\limits_k|y(k)-x_i(k)|} \tag{6.13}$$

式中：ρ为分辨系数；ρ越小，分辨力越大；当$\rho\leqslant 0.5463$时，分辨力最好；通常取$\rho=0.5$[205]，这里做同样处理。

第3步，计算关联度s_i：

$$s_i=\frac{1}{n}\sum_{k=1}^{n}\xi_i(k),\ k=1,2,\cdots,n \tag{6.14}$$

第4步，拟合度检验，即判定拟合程度，当$s_i\geqslant 0.6$时，表明拟合程度较好，达到拟合要求；当$s_i<0.6$时，表明拟合程度较差，达不到拟合要求[206]。

6.3 改进的GM（1，1）模型

实际预测建模中，由于预测数据较多受近期数据的影响，较少受远期数据的影响，用原始序列中全部数据来建模必然使预测结果受远期数据过分影响和干扰，尤其是在远期数据突变和中断的情况下，预测结果会严重地被影响和干扰，从而不能体现近期变化规律。为突破传统GM（1，1）模型要满足或近似满足指数规律且数据序列变化速度不能太快的要求，提高拟合程度和预测精度，增强平稳性和可靠性，建模数据中应包含$x^{(0)}(n)$在内的一个等时距序列。基于这种思想，有两种建模方式：一种是变动维数，即以$x^{(0)}(n)$为建模取值的终点，从后往前不断取值，可以建立一个预测模型群，从预测模型群中挑选最优模型用于以后的预测，这可称为变起点模型；另一种是固定维数，即去掉最老信息，置入最新信息，不断地新陈代谢，这可称为新陈代谢模型。

6.3.1 变起点模型

变起点模型主要是通过变动维数，即以$x^{(0)}(n)$为建模取值的终点，从后往前不断取值，以此可建立一个预测模型群，从预测模型群中挑选最优模型用于以后的预测，其建模和求解过程如下。

第1步，列示原始时间序列。

给定原始时间序列 $x^{(0)}=\left(x^{(0)}(1),x^{(0)}(2),\cdots,x^{(0)}(n)\right)$，其中，n为原始数据个数。

第2步，区分全时间序列与子序列。

用 $x^{(0)}=\left(x^{(0)}(1),x^{(0)}(2),\cdots,x^{(0)}(n)\right)$ 建立的GM（1，1）模型为全时间序列；用 $x^{(0)}=\left(x^{(0)}(1),x^{(0)}(2),\cdots,x^{(0)}(n)\right),i\geqslant 2$ 建立的GM（1，1）模型为子时间序列。

第3步，求解各子序列对应的GM（1，1）模型和子序列GM（1，1）模型群。

由于最短时间序列中数据至少为4个[207]，于是可建立一个4维子序列：$\left(x^{(0)}(n-3),x^{(0)}(n-2),x^{(0)}(n-1),x^{(0)}(n)\right)$；然后，可建立一个5维子序列：$\left(x^{(0)}(n-4),x^{(0)}(n-3),x^{(0)}(n-2),x^{(0)}(n-1),x^{(0)}(n)\right)$；依次往下，总共可建立n－3个子序列，最后可建立一个n维子序列：$\left(x^{(0)}(1),x^{(0)}(2),\cdots,x^{(0)}(n)\right)$，即原时间序列。对各子序列按传统GM（1，1）模型方法进行预测，可求出各子序列对应的GM（1，1）模型和子序列GM（1，1）模型群。

第4步，挑选最优子模型，并应用于预测。

对各子序列GM（1，1）模型按传统GM（1，1）模型方法进行预测，进行拟合度检验和精度检验，并从各子序列GM（1，1）模型群中挑选最优的GM（1，1）模型应用于预测。

6.3.2 新陈代谢模型

新陈代谢模型不同于变起点模型的变动维数，而是固定维数，即去掉最老信息，置入最新信息，不断地新陈代谢，其建模和求解过程如下。

第1步，列示原始时间序列。

给定原始时间序列 $x^{(0)}=\left(x^{(0)}(1),x^{(0)}(2),\cdots,x^{(0)}(n)\right)$，其中，n为原

始数据个数。

第2步，固定维数，并构建GM（1，1）子序列模型群。

n维原始时间序列共有n-3种固定维数，可固定为4维，5维，一直到固定为n维。

如固定为4维，则4维子序列分别为：

$$\left(x^{(0)}(1),x^{(0)}(2),x^{(0)}(3),x^{(0)}(4)\right)$$

$$\left(x^{(0)}(2),x^{(0)}(3),x^{(0)}(4),x^{(0)}(5)\right)$$

$$\vdots$$

$$\left(x^{(0)}(n-3),x^{(0)}(n-2),x^{(0)}(n-1),x^{(0)}(n)\right)$$

对各4维子序列按传统GM（1，1）模型方法进行预测，可求出4维子序列对应的GM（1，1）模型，则可建立一个包含n-3个子序列的子模型群。

如固定为5维，则5维子序列分别为：

$$\left(x^{(0)}(1),x^{(0)}(2),x^{(0)}(3),x^{(0)}(4),x^{(0)}(5)\right)$$

$$\left(x^{(0)}(2),x^{(0)}(3),x^{(0)}(4),x^{(0)}(5),x^{(0)}(6)\right)$$

$$\vdots$$

$$\left(x^{(0)}(n-4),x^{(0)}(n-3),x^{(0)}(n-2),x^{(0)}(n-1),x^{(0)}(n)\right)$$

对各5维子序列按传统GM（1，1）模型方法进行预测，可求出5维子序列对应的GM（1，1）模型，则可建立一个包含n-4个子序列的子模型群。

其余固定维数构建的子序列模型群与固定为4维及固定为5维的处理方式完全相同。

第3步，挑选最优模型，并应用于预测。

对各固定维数的子序列GM（1，1）模型进行拟合度检验和精度检验，求出对应的平均数，然后比较各平均数，从中挑选最优的GM（1，1）模型应用于预测。

6.4 BP神经网络

目前，在人工神经网络的实际应用中，大多数人工神经网络模型是采用前馈反向传播网络（Back-Propagation Network，BP网络）或其变化形式，是多层前馈式误差反传神经网络，由输入层、输出层和若干隐含层构成：每一层都由若干个神经元组成，上层神经元与下层神经元之间通过权连接，层与层之间的神经元采用全连接方式，层内神经元之间没有联系。当学习样本提供给神经网络后，经网络先进行正向传播过程。如果输出结果与目标输出之间误差超出预期，该正向传播过程转入反向传播过程，将误差信号沿原来的连接通路返回，通过修改各层神经元的权值，使误差信号减小。随着这种误差反向传播修正不断进行，网络对输入模式响应正确率不断提高，直至达到要求的精度，其建模和求解过程如下。

6.4.1 确定网络层数

BP网络由输入层、输出层和若干隐含层构成，多于一层的隐含层虽然在速度上可提高网络的训练，但在实际应用中需要较多的训练时间，而训练速度可用增加隐含层节点个数实现，能模拟任何非线性连续映射，因此这里选取只有1个隐含层的3层BP神经网络进行预测。

6.4.2 设计模型结构和选择函数

具体设计时，BP网络输入层神经元个数由改进的灰色预测模型的最优维数确定，BP神经网络输出层神经元个数为1，即每次输出1个预测结果。隐含层神经元个数一般根据经验公式初步确定隐含层神经元个数，然后通过对不同神经元数的网络进行训练对比，再最终确定神经元数。通用的隐含层神经元数可根据Kolmogorov定理来确定。[208] 若i为隐含层神经元个数，n为输入层神经元个数，则其公式为：

$$i = 2n + 1 \tag{6.15}$$

网络隐含层神经元传递函数采用Sigmoid函数，输出层神经元传递函数采用线性函数Purelin，训练函数为基于Bayes算法的Trainbr方法，可有效提高网络的泛化能力。

6.4.3 样本数据的预处理

样本数据的预处理主要是指对网络输入样本数据和输出样本数据进行归一化处理，归一化处理方式是去掉脏数据和压缩数据的有效方法，即将数值限定在［0.1，0.9］范围内，归一化公式为：

$$\varpi^{(0)'}(k)=0.1+\frac{w^{(0)}(k)-w^{(0)}{}_{min}}{w^{(0)}{}_{max}-w^{(0)}{}_{min}}\times(0.9-0.1) \tag{6.16}$$

6.4.4 初始权重和学习率的选取

对于BP神经网络，网络的初始权重不同，每次训练的结果也会不同，这是由于误差曲面的局部最小点非常多造成的。一般情况下，网络的初始权值要取小的随机值，以保证各神经元工作在激励函数斜率变化最大的区域，也可防止多次连续学习后某些权值不合理的无限变化，故一般取（-1，+1）的随机数。

学习率决定每一次循环训练中所产生的权值变化量，大的学习率可能导致系统的不稳定，但小的学习率需较长的训练时间，可能收敛很慢，故一般选取较小的学习率以保证系统的稳定性，一般在（0.01，1）之间选择。

6.4.5 模型评价指标

对模型预测性能的评价指标主要包括预测值和实际值的绝对误差、预测值和实际值的相对误差和*r*系数这三类。

绝对误差：$\varepsilon^{(0)}(i)=x^{(0)}(i)-\widehat{x^{(0)}}(i)$ (6.17)

相对误差：$e(i)=\frac{|\varepsilon(t)|}{x^{(0)}(i)}\times100\%$ (6.18)

$$r=\frac{\sum\left(x^{(0)}(i)-\overline{x^{(0)}(i)}\right)\left(\widehat{x^{(0)}}(i)-\overline{\widehat{x^{(0)}}(i)}\right)}{\sqrt{\left(x^{(0)}(i)-\overline{x^{(0)}(i)}\right)^2\left(\widehat{x^{(0)}}(i)-\overline{\widehat{x^{(0)}}(i)}\right)^2}} \tag{6.19}$$

式中：$\widehat{x^{(0)}}(i)$为BP神经网络预测值；$x^{(0)}(i)$为实际值；$\overline{x^{(0)}(i)}$为$x^{(0)}(i)$的平均值；$\overline{\widehat{x^{(0)}}(i)}$为$\widehat{x^{(0)}}(i)$的平均值。

6.5 改进的BP神经网络

改进BP神经网络主要有附加动量法和自适应学习率法这两种。

6.5.1 附加动量法

传统BP神经网络有运行时间较长且易陷入局部极小值等缺点，为保证运行过程的稳定性，Rumelhart等（1986）提出了一种改善BP训练时间的方法，即附加动量法[209]。该方法是在每个加权调节量上加上一项正比例于前一次加权变化量的值，具体可表示为：

$$\omega(t+1)=\omega(t)-(1-\alpha)\eta\frac{\partial E_T}{\partial\omega(t)}+\alpha\Delta\omega(t) \tag{6.20}$$

式中：$\Delta\omega(t)=\omega(t)-\omega(t-1)$；$\alpha$为动量因子，一般取值0.95。这时，权值修正量加上了有关上一时刻权值修改方向的记忆。

附加动量法使网络在修正其权值时，不仅考虑误差在梯度上的作用，而且考虑在误差曲面上变化趋势的影响。采用附加动量法，能较好地避免网络陷入局部极小值。训练程序中，对采用附加动量法的判定条件为：

$$\alpha=\begin{cases}0, SSE(t)>1.04SSE(t-1)\\0.95, SSE(t)<SSE(t-1)\\\alpha,\ SSE(t-1)\leqslant SSE(t)\leqslant 1.04SSE(t-1)\end{cases} \tag{6.21}$$

式中：SSE为网络的输出误差平方和。

6.5.2 自适应学习率法

学习率的大小可通过检查权值的大小进行调整。为了保证供应链网络总是以最大可接受的学习率进行训练的，可选用如下的公式进行调整：

$$\eta(t+1)=\begin{cases}0.75\eta(t), SSE(t)>1.04SSE(t-1)\\1.05\eta(t), SSE(t)<SSE(t-1)\\\eta(t),\ SSE(t-1)\leqslant SSE(t)\leqslant 1.04SSE(t-1)\end{cases} \tag{6.22}$$

自适应学习率不妨用$\eta(t)$表示，初始学习率$\eta(0)$的选取范围一般是随意的。实践证明，这种网络训练方法是有效的，比固定学习率的网络训练次数明显减少。

6.6 改进的灰色BP神经网络预测模型

改进的灰色BP神经网络预测模型即为将灰色预测GM（1，1）模型和BP神经网络这两种理论或方法进行结合所建立的新组合模型，最终目的是提高预测精度。但是组合时，BP神经网络输入层神经元个数的选取一般要么固定为1个，要么是随意设定的处理方式，这是不严谨的。这种做法可以控制神经网络预测模型内部的误差，但并没有同时控制灰色与神经网络预测模型的误差，这就会导致总误差不能得到最佳控制。基于此，本章所提出的改进的灰色BP神经网络预测模型就是为从灰色预测模型中挑选出高精度与高拟合度的最优预测模型，确定最优的维数，最优维数即为BP神经网络输入层神经元个数，为神经网络模型输入层神经元个数的确定提供科学依据。具体步骤如下。

6.6.1 传统GM（1，1）模型构建

传统GM（1，1）模型构建过程如下：累加生成序列$x^{(1)}$，检验$x^{(0)}$的准光滑性和$x^{(1)}$的准指数规律，求解白化微分方程和灰微分方程，构造常数矩阵Y、矩阵A及矩阵B，求解离散响应函数，求解原始数据的预测值，将原始数据与对应的预测值进行比较，进行逐点检验、后验差比值检验和小误差频率检验等三类精度检验及拟合度检验。当能通过精度检验及拟合度检验时，无须进行后续计算。

传统GM（1，1）预测模型要求数据序列满足或近似满足指数规律，且数据序列变化速度不能太快。然而在实际预测建模中，当数据出现突变和中断时，预测结果会受极端数据的影响和干扰，从而不能体现近期变化规律，预测结果可能达不到相应的预测精度要求。为提高拟合程度和预测精度，增强平稳性和可靠性，可对传统GM（1，1）预测模型进行改进。当所构建的传统GM（1，1）模型不能通过精度检验及拟

合度检验时，需进行改进的GM（1，1）模型构建。

6.6.2 改进的GM（1，1）模型构建

改进的GM（1，1）模型构建主要包含变起点模型构建和新陈代谢模型构建。

变起点模型构建主要是通过变动维数，即以$x^{(0)}(n)$为建模取值的终点，从后往前不断取值，以此可构建一个预测模型群，对各子序列按传统GM（1，1）模型方法进行预测，进行拟合度检验和精度检验，从GM（1，1）预测模型群中挑选最优模型应用于预测。

新陈代谢模型构建不同于变起点模型构建，主要是通过固定维数，去掉最老信息，不断置入最新信息，以此不断地进行新陈代谢，构建出相应的GM（1，1）预测模型群，然后对各子序列按传统GM（1，1）模型方法进行预测，进行拟合度检验和精度检验，从GM（1，1）预测模型群中挑选最优模型应用于预测。

6.6.3 BP神经网络输入层神经元个数确定

一般而言，BP神经网络输入层神经元个数的选取要么固定为1，要么随意设定。这种做法能较好控制神经网络预测模型内部的误差，但并没有同时控制灰色与神经网络预测模型的误差，这就会导致总误差不能得到最佳控制。本章BP神经网络输入层神经元个数从所构建的最优变起点模型及最优新陈代谢模型的维数确定，为BP神经网络输入t层神经元个数的选取设定了选取依据。

6.6.4 改进的灰色BP神经网络预测模型构建

BP神经网络由输入层、若干隐含层和输出层构成。BP神经网络输入层神经元个数从所构建的最优变起点模型及最优新陈代谢模型的维数确定。BP神经网络隐含层神经元个数主要根据Kolmogorov定理来确定。网络隐含层神经元传递函数采用Sigmoid函数，BP神经网络输出层神经元个数为1，即每次输出1个预测结果。输出层神经元传递函数采用线

性函数Purelin，训练函数为基于Bayes算法的Trainbr方法，以有效提升网络的泛化能力。

6.6.5 预测精度比较

将所构建的传统GM（1，1）预测模型的预测结果及预测精度与所构建的变起点GM（1，1）模型、所构建的新陈代谢GM（1，1）模型和所构建的改进的灰色BP神经网络预测模型的预测结果及预测精度进行比较，验证所构建的灰色BP神经网络预测模型的可行性。

6.7 本章小结

由于企业发展环境是一个复杂多变的灰色系统，本章基于此阐述了传统GM（1，1）模型的构建过程及评价指标。由于传统GM（1，1）模型仅适用于满足或近似满足指数规律，且变化速度不能太快的时间序列，对出现突变或中断的时间序列并不适用，基于此，为使预测结果少受远期数据的影响和干扰，充分体现近期变化规律，本章应用了两种建模方式对传统GM（1，1）模型进行改进：变起点模型和新陈代谢模型。通过两种建模方式的比较和结合，从改进的灰色预测模型中挑选出高精度与高拟合度的最优预测模型，确定最优维数，为神经网络模型输入层神经元个数的确定提供了科学标准，这种做法突破了BP神经网络输入层神经元（来源于灰色预测模型）个数的选取要么固定为1个，要么是随意设定的处理方式，这能较好地控制误差。本章然后通过确定网络层数，设计模型结构和选择函数，样本数据的预处理，初始权重和学习率的选取和模型评价指标等系统阐述了BP神经网络，并应用改进的神经网络进行预测。最后将所构建的传统GM（1，1）预测模型的预测结果及预测精度与所构建的变起点GM（1，1）模型、所构建的新陈代谢GM（1，1）模型和所构建的改进的灰色BP神经网络预测模型的预测结果及预测精度进行比较，验证所构建的改进的灰色BP神经网络预测模型的可行性。

这种通过改进的灰色预测模型的最优维数确定BP神经网络输入层

神经元个数的方式，既突破了传统灰色GM（1，1）模型对原始数据序列的限制，又体现了神经网络良好非线性逼近特性，提高了拟合程度与预测精度，增强了预测的平稳性与可靠性，能应用于供应链中断或突变的时间序列数据预测，能较好地解决供应链中断预测问题。预测结果可为供应链企业的生产、库存管理和需求预测提供科学指导。

7 供应链中断风险预测模型实例验证

本章在上一章所构建的改进的灰色神经网络预测模型的基础上，以受中国南方2008年冰灾影响而销售出现部分中断的湖南HX办公与课椅家具厂为实例，进行实证分析。首先构建了传统GM（1，1）预测模型，通过计算表明结果由于受远期数据突变和中断的影响与干扰，虽然达到了拟合度检验要求，但基本上达不到预测精度要求，故须对所构建的传统GM（1，1）预测模型进行改进。在此基础上，应用变起点模型和新陈代谢模型对传统GM（1，1）模型进行改进：变起点模型的计算结果表明，7维子序列GM（1，1）模型和4维子序列GM（1，1）模型均可作为预测模型；新陈代谢模型的计算结果表明，7维子序列GM（1，1）模型为最优预测模型。故通过两种建模方式的比较和结合，选择7维子序列GM（1，1）模型作为预测模型，最优的维数为7维，以此确定BP神经网络输入层神经元个数为7个。BP神经网络隐含层神经元个数主要根据Kolmogorov定理来确定。BP神经网络输出层神经元个数为1，即每次输出1个预测结果。最后，构建了网络拓扑结构为7-15-1的BP神经网络，隐含层神经元传递函数采用Sigmoid函数，输出层神经元传递函数采用线性函数Purelin，训练函数为基于Bayes算法的Trainbr函数，训练目标精度为0.005，终止训练步数为6 000，通过应用MATLAB，输入7组数据，通过2 705次训练，达到了0.005的精度要求。通过比较发现，改进的灰色BP神经网络预测模型的预测精度明显优于传统GM（1，1）预测模型、7维变起点子序列GM（1，1）模型及7维新陈代谢子序列GM（1，1）模型的预测精度，验证了方法的可行性。这种通过改进的灰色预测模型的最优维数确定BP神经网络输入层神经元个数的方式，既突破了传统灰色GM（1，1）模型对原始数据序列的限制，又体现了神经网络良好的非线性逼近特性，提高了拟合程度与预测精度，增强了预测的平稳性与可靠性，能应用于供应链中断或突变的时间序列数据预测中，较好地解决了供应链中断预测问题。预测结果可为供应链企业的生产、库存管理和需求预测提供科学指导。

7.1 引言

近年来，各类供应链中断事件频繁发生，直接导致供应链系统的破毁，原材料供应的中断或延迟，生产成本（包括原材料价格，运输费用等）的增加，信息通道堵塞等，严重影响企业的平稳生产、居民的身心健康和生命安全、社会的繁荣稳定。1998年，香港赤腊角机场启用时的计算机故障，耽误了大量货物与乘客的运输。美国“9・11”事件导致美加边境的货物停滞，福特电机公司被迫临时空置5个装配厂的生产活动。2002年，美国西海岸的罢工潮，致使中远集团无法卸货返航，两周内损失2 400万美元。2008年的中国南方冰灾、2013年的雅安地震、2011年的泰国洪灾等均导致大面积的交通设施瘫痪。

各国专家和学者已从多个角度提出了供应链中断应对措施，同时也意识到供应链中断后的供需具有高度不确定性，严重影响产品流动，带来运输中断和需求中断，且对供应商的生产和库存影响巨大。但相关文献对供应链中断预测问题暂没有好的解决方案，本章正是基于此展开研究的。在灰色模型与神经网络（BP神经网络）的基础上，设计了改进的灰色神经网络预测模型。研究发现，两者组合时，BP神经网络输入层神经元（来源于灰色预测模型）个数的选取要么固定为1，要么随意设定，这种做法虽能较好地控制神经网络预测模型内部误差，但并没有同时控制灰色与神经网络预测模型的误差，这就会导致总误差不能得到最佳控制。基于此，本书为BP神经网络输入层神经元个数选取确定了标准：改进的灰色预测模型的最优维数即为BP神经网络输入层神经元个数。这种通过改进的灰色预测模型的最优维数确定BP神经网络输入层神经元个数的方式，既突破了传统灰色GM（1，1）模型对原始数据序列的限制，又体现了神经网络良好的非线性逼近特性，提高了拟合程度与预测精度，增强了预测的平稳性与可靠性。

供应链中断是自然灾害（如雪灾、海洋灾害和地震灾害等）和突发社会事件（如工人罢工）等各类突发事件的直接结果，对供应链节点企业和供应链整体均带来了多重负面影响，甚至可能导致供应链瘫痪和瓦解。正是在此背景下，为应对产品需求的高度不确定、以解决供应链中断预测难题为目的，本章构建了改进的灰色BP神经网络预测模型，并以受中国南方2008年冰灾影响而销售出现部分中断的湖南HX办公与课椅家具厂为实例进行了实证分析。这一预测模型能应用于供应链中断或突变的时间序列数据预测中，较好地解决了供应链中断预测问题。预测结果可为供应链企业的生产、库存管理和需求预测提供科学指导。

本章内容具体安排如下：第二部分为背景介绍和实证数据介绍；第三部分为供应链中断下传统GM（1，1）模型构建；第四部分为供应链中断下改进的GM（1，1）模型构建与分析；第五部分为供应链中断下改进的灰色BP神经网络预测模型构建与分析。通过分析发现，改进的灰色BP神经网络预测模型的预测精度明显优于传统GM（1，1）预测模型、变起点子序列GM（1，1）模型及新陈代谢子序列GM（1，1）模型的预测精度，可应用于供应链中断或突变的时间序列数据预测中，能较好地解决供应链中断预测问题。

7.2 实例

7.2.1 背景介绍

2008年初，一场50年不遇的暴风雪覆盖了中国南方大部分地区。不久，湖南郴州境内输电塔倒塌，阻断京广铁路运输，揭开了特大冰雪灾害的序幕。此后，半个月时间里，灾情波及半个中国。各地高速公路、机场路面结冰并大量积雪，陆空交通瘫痪。15万旅客滞留在广州火车站，白云机场有大约100班飞机取消。由于京广及京九铁路的供电网受到风雪破坏，加上煤的运输受阻，铁路电力供应中断，大量旅客被困在湖南境内的铁路上。由于粮食运输停顿，各地包括香港的猪肉和蔬菜价格飙升。

这次冰灾导致湖南省大面积交通设施瘫痪，部分路段出现长时间的交通阻断；也造成输电网多处倒塔、断线、冰闪、跳闸等，导致大面积停电。此次冰灾经历了几个发展阶段：发展阶段（1月13—15日），中国南方冰冻范围扩大到湖南，地面温度降到了0度左右；减弱阶段（1月16—17日），湖南仅在湘东南残留冰冻，冰冻的整体强度较前期有所减轻；再发展阶段（1月18日—2月2日），南方冰冻从湖南西部和贵州开始向东、南发展，强度逐渐增加，湖南全省均出现冰冻；消退阶段（2月3—6日），冰冻范围减小，湖南西南部冰冻消退，强度明显减弱。2月5—6日，残留在湖南东南部的冰冻逐渐消失。

7.2.2 实例数据

湖南HX办公与课椅家具厂是专业致力于现代化办公家具和学校家具研发、制造的生产厂家之一，主要生产各式教学课椅、食堂餐桌、公寓床、电脑桌、软硬排椅、阶梯椅、办公家具和校用家具等，产品销往国内各省大中小学校。HX办公与课椅家具厂生产全程采用ISO9001国际质量体系、ISO14001环境管理体系及T28001职业健康安全管理体系，其产品具有较高的质量保障，提供供货、运输、安装一条龙服务，奉行“求实、创新、进取、完善产品结构”的企业精神。冰灾期间，为应对电力中断状况，其采用自备发电机发电持续生产，由于厂家生产原料储备较为充足，故生产未受到较大影响。但由于道路结冰问题，其有效销售量（件）仍然受到较大影响。表7-1为HX办公与课椅家具厂在2008年1月1日—2008年3月30日各类座椅的周有效销售量（件）表。

表7-1　　HX厂2008年1月1日—2008年3月30日周有效销售量（件）

时间	销售量	时间	销售量	时间	销售量
1	5 285	6	4 489	11	4 900
2	5 313	7	4 512	12	5 215
3	4 492	8	4 583	13	5 340
4	4 480	9	4 680	—	—
5	4 486	10	4 795	—	—

7.3 供应链中断下传统GM（1，1）模型

供应链中断下传统GM（1，1）模型构建步骤如下：

第1步，建立销售量序列值，见表7-2中的$x^{(0)}$栏；建立I-AGO累加生成序列，见表7-2中的$x^{(1)}$栏。

第2步，检验$x^{(0)}$的准光滑性和$x^{(1)}$的准指数规律。当$i>2$时，$p(i)<0.5$，满足准光滑性条件；$\sigma^{(1)}(i)\in[1,1.5]$，满足准指数规律要求，具体见表7-2中$p(i)$栏及$\sigma^{(1)}(i)$栏。

第3步，构造矩阵B和常数矩阵Y，其中，$B=\begin{bmatrix}-w^{(1)}(2) & 1\\ \vdots & \vdots\\ -w^{(1)}(n) & 1\end{bmatrix}$，

$Y=\begin{bmatrix}x^{(0)}(2)\\ \vdots\\ x^{(0)}(n)\end{bmatrix}$，$A=\begin{bmatrix}a\\ b\end{bmatrix}$，$-w^{(1)}(i)$栏详见表7-2。

第4步，应用Excel中的LINEST求出$\hat{a}=-0.0092$，$\hat{b}=4\,467.5298$。

第5步，将$\hat{a}$和$\hat{b}$代入灰微分方程，求离散响应函数：

$$\begin{cases}\widehat{x^{(1)}}(1)=5\,285 \\ \widehat{x^{(1)}}(i+1)=493\,008.6660e^{0.0092i}-487\,723.6660\end{cases} \quad i\geqslant 1 \tag{7.1}$$

第6步，对$\widehat{x^{(1)}}(i+1)$累减还原，求出原始数据预测值：

$$\begin{cases}\widehat{x^{(0)}}(1)=5\,285 \\ \widehat{x^{(0)}}(i+1)=493\,008.6660e^{0.0092(i-1)}(e^{0.00492}-1)\end{cases} \quad i\geqslant 1 \tag{7.2}$$

原始数据预测值计算结果见表7-2中的$\widehat{x^{(0)}}$栏。

表7-2　　**传统GM（1，1）模型计算过程及结果（1）**

时间	$x^{(0)}$	$x^{(1)}$	$p(i)$	$\sigma^{(1)}(i)$	$-w^{(1)}(i)$	$\widehat{x^{(0)}}$
1	5 285	5 285	—	—	—	5 285
2	5 313	10 598	1.0053	2.0053	−7 941.50	4 536.7058
3	449 244	15 090	0.4239	1.4239	−12 844.00	4 578.4529
4	80	19 570	0.2969	1.2969	−17 330.00	4 620.5842
5	4 486	24 056	0.2292	1.2292	−21 813.00	4 663.1032
6	4 489	28 545	0.1866	1.1866	−26 300.50	4 706.0134
7	4 512	33 057	0.1581	1.1581	−30 801.00	4 749.3186
8	4 583	37 640	0.1386	1.1386	−35 348.50	4 793.0222
9	4 680	42 320	0.1243	1.1243	−39 980.00	4 837.1280
10	4 795	47 115	0.1133	1.1133	−44 717.50	4 881.6396
11	4 900	52 015	0.1040	1.1040	−49 565.00	4 926.5608
12	5 215	57 230	0.1003	1.1003	−54 622.50	4 971.8955
13	5 340	62 570	0.0933	1.0933	−59 900.00	5 017.6472

第7步，精度检验。

精度检验主要包含逐点检验、后验差比值检验和小误差频率检验三类检验。

逐点检验主要是指绝对误差检验和相对误差检验，相对误差 $e(i)$ 及绝对误差 $\varepsilon^{(0)}(i)$ 的计算结果见表7-3中的 $e(i)$ 栏及 $\varepsilon^{(0)}(i)$ 栏；经计算，平均相对误差 $\overline{e(i)}=\frac{\left|\sum e(i)\right|}{n}=4.2079\%$，表明预测误差主要集中在4.2079%左右，然后将计算结果与精度检验对照表进行比较，通过比较可知，预测误差的一般水平较低，精度较高，能达到二级要求。

表7-3 传统GM（1，1）模型计算过程及结果（2）

时间	$x^{(0)}$	$\widehat{x^{(0)}}$	$\varepsilon^{(0)}(i)$	$e(i)$
1	5 285	5 285	0.0000	0.0000%
2	5 313	4 536.7058	776.2942	14.6112%
3	449 244	4 578.4529	−86.4529	1.9246%
4	80	4 620.5842	−140.5842	3.1380%
5	4 486	4 663.1032	−177.1032	3.9479%
6	4 489	4 706.0134	−217.0134	4.8343%
7	4 512	4 749.3186	−237.3186	5.2597%
8	4 583	4 793.0222	−210.0222	4.5826%
9	4 680	4 837.1280	−157.1280	3.3574%
10	4 795	4 881.6396	−86.6396	1.8069%
11	4 900	4 926.5608	−26.5608	0.5421%
12	5 215	4 971.8955	243.1045	4.6616%
13	5 340	5 017.6472	322.3528	6.0366%

后验差比值检验的第一步是计算后验差比值C。经计算，$S_1=84.0765$，$S_2=70.6851$，$C=\frac{S_2}{S_1}=0.8407$；可见，$C\geqslant0.65$，后验差比值检验的第二步是将计算结果与精度检验对照表（见表7-4）进行比较，通过比较可知，预测误差摆动的幅度大，精度较低，没有通过检验。

表7-4　　**精度检验对照表**

级别	结果	平均相对误差（ARE）$\overline{e(i)}$	后验差比值C	小误差频率P
1	很好	≤0.01	<0.35	>0.95
2	好	≤0.05	<0.50	>0.80
3	一般	≤0.1	<0.65	>0.70
4	不合格	≤0.20	≥0.65	≤0.70

小误差频率检验的第一步是计算小误差频率P。经计算，$\bar{\varepsilon}=4\,812.85$，$p=0.3077$。小误差频率检验的第二步是将计算结果与精度检验对照表进行比较，通过比较可知，预测误差越大的概率也越大，精度较低，没有达到下限0.7，没有通过检验。

第8步，拟合度检验。

首先，求原始序列与预测序列的初值像（或均值像），计算结果见表7-5中的$x^{(0)\prime}$栏及$\widehat{x^{(0)}}^{\prime}$栏。其次，计算关联系数，计算结果见表7-5中的$\xi_i$栏。最后，可计算出关联度$s_i=\frac{1}{n}\sum_{k=1}^{n}\xi_i(k)=0.7912$，表明拟合程度较好，能达到拟合要求。

以上计算过程及结果表明，由于受远期数据突变和中断的影响与干扰，虽然达到了拟合度检验要求，但基本上达不到预测精度要求，从而不能体现近期变化规律。

在实际预测过程中，由于预测数据较多受近期数据的影响，较少受远期数据的影响，用原始序列中全部数据来建模必然使预测结果较多受远期数据的过分影响和干扰，尤其是在数据突变和中断的情况下，预

表7-5 拟合度检验计算过程及结果

时间	$x^{(0)}$	$\widehat{x^{(0)}}$	$x^{(0)'}$	$\widehat{x^{(0)}}'$	ξ_i
1	5 285	5 285	1.0000	1.0000	1.0000
2	5 313	4 536.7058	1.0053	0.8584	0.3578
3	4 492	4 578.4529	0.8455	1.0092	0.3333
4	4 480	4 620.5842	0.9973	1.0092	0.8733
5	4 486	4 663.1032	1.0013	1.0092	0.9124
6	4 489	4 706.0134	1.0007	1.0092	0.9056
7	4 512	4 749.3186	1.0051	1.0092	0.9525
8	4 583	4 793.0222	1.0157	1.0092	0.9261
9	4 680	4 837.128	1.0212	1.0092	0.8725
10	4 795	4 881.6396	1.0246	1.0092	0.8419
11	4 900	4 926.5608	1.0219	1.0092	0.8657
12	5 215	4 971.8955	1.0643	1.0092	0.5977
13	5 340	5 017.6472	1.0240	1.0092	0.8472

测结果会极大地被影响和干扰，从而不能体现近期变化规律。为突破传统GM（1，1）模型要满足或近似满足指数规律且数据序列变化速度不能太快的要求，提高拟合程度和预测精度，增加平稳性和可靠性，此时需对传统GM（1，1）模型进行改进。

7.4 供应链中断下改进的GM（1，1）模型

供应链中断下改进的GM（1，1）模型构建主要包含变起点模型构建和新陈代谢模型构建。

7.4.1 供应链中断下的变起点模型

第1步，列示原始时间序列。

原始时间序列为$\left(x^{(0)}(1),x^{(0)}(2),\cdots,x^{(0)}(12),x^{(0)}(13)\right)$

第2步，区分全时间序列与子序列。

由于 $n=13$，故可建立10个子序列，其中的13维子序列也为全时间序列。可建立10个子序列如下：

4维子序列为 $(x^{(0)}(10),x^{(0)}(11),x^{(0)}(12),x^{(0)}(13))$；

5维子序列为 $(x^{(0)}(9),x^{(0)}(10),x^{(0)}(11),x^{(0)}(12),x^{(0)}(13))$；

6维子序列为 $(x^{(0)}(8),x^{(0)}(9),x^{(0)}(10),x^{(0)}(11),x^{(0)}(12),x^{(0)}(13))$；

7维子序列为 $(x^{(0)}(7),x^{(0)}(8),x^{(0)}(9),x^{(0)}(10),x^{(0)}(11),x^{(0)}(12),x^{(0)}(13))$；

8维子序列为 $(x^{(0)}(6),x^{(0)}(7),\cdots,x^{(0)}(12),x^{(0)}(13))$；

9维子序列为 $(x^{(0)}(5),x^{(0)}(6),\cdots,x^{(0)}(12),x^{(0)}(13))$；

10维子序列为 $(x^{(0)}(4),x^{(0)}(5),\cdots,x^{(0)}(12),x^{(0)}(13))$；

11维子序列为 $(x^{(0)}(3),x^{(0)}(4),\cdots,x^{(0)}(12),x^{(0)}(13))$；

12维子序列为 $(x^{(0)}(2),x^{(0)}(3),\cdots,x^{(0)}(12),x^{(0)}(13))$；

13维子序列为 $(x^{(0)}(1),x^{(0)}(2),\cdots,x^{(0)}(12),x^{(0)}(13))$。

这10个子序列的集合即子序列模型群。

第3步，对各子序列按传统GM（1，1）模型方法进行预测，可求出各子序列对应的GM（1，1）模型和子序列GM（1，1）模型群。计算结果见表7-6中的子序列GM（1，1）模型栏。

表7-6　**供应链中断下变起点子序列GM（1，1）模型**

序列维数	子序列GM（1，1）模型
13	$493\,008.6660e^{0.0092i}-487\,723.6660$
12	$23\,568.5028e^{0.0181i}-23\,555.5028$
11	$207\,259.2003e^{0.0206i}-202\,767.2003$
10	$183\,916.9932e^{0.0233i}-179\,436.9932$
9	$163\,827.0572e^{0.0264i}-159\,341.0572$
8	$148\,746.9916e^{0.0294i}-144\,257.9916$
7	$138\,779.0351e^{0.0321i}-134\,267.0351$
6	$254\,940.5447e^{0.0187i}-250\,357.5447$
5	$121\,492.6285e^{0.0395i}-116\,812.6285$
4	$113\,815.0285e^{0.0424i}-109\,020.0285$

第4步，计算平均相对误差$\overline{e(i)}$，后验差比值C和小误差频率P，计算结果见表7-7中的$\overline{e(i)}$栏、C栏及P栏；计算灰关联度ς，计算结果见表7-7中的ς栏。然后对各子模型进行精度比较和拟合程度比较。

表7-7 **供应链中断下变起点子序列GM（1，1）模型精度检验和拟合度检验**

序列维数	$\overline{e(i)}$	C	P	ς
13	0.0421	0.8165	0.3077	0.7912
12	0.0215	0.3567	1	0.5246
11	0.0186	0.3453	1	0.5145
10	0.0160	0.3081	1	0.4865
9	0.0122	0.2329	1	0.5323
8	0.0097	0.1871	1	0.5609
7	0.0079	0.1662	1	0.6056
6	0.0205	0.4137	1	0.4907
5	0.0063	0.1597	1	0.5942
4	0.0062	0.1831	1	0.6162

7维子序列GM（1，1）模型和4维子序列GM（1，1）模型能达到一级精度要求，满足拟合度检验要求，其余子序列不符要求。对7维子序列GM（1，1）模型和4维子序列GM（1，1）模型进行比较，发现4维子序列GM（1，1）模型有两个指标（$\overline{e(i)}$和ς）优于7维子序列GM（1，1）模型，一个指标（C）劣于7维子序列GM（1，1）模型，一个指标（P）两者持平。按照比较结果，应选4维子序列，但由于供应链中断和突变的预测处理结果强调数据的平稳性和有序性，故要求误差上下摆动的幅度尽可能小，故在供应链中断和突变的预测

处理中要重点考察后验差比值，这里不妨将7维子序列GM（1，1）模型和4维子序列GM（1，1）模型均作为最优子序列GM（1，1）模型，并应用于预测。

7.4.2 供应链中断下的新陈代谢模型

新陈代谢模型不同于变起点模型的变动维数，而是固定维数，即去掉最老信息，置入最新信息，不断地新陈代谢，其建模和求解过程如下。

第1步，列示原始时间序列。

原始时间序列为$\left(x^{(0)}(1),x^{(0)}(2),\cdots,x^{(0)}(12),x^{(0)}(13)\right)$

第2步，固定维数，并构建GM（1，1）子序列GM（1，1）模型群。

当维数为5维时，共有9种固定维数方法。5维子序列分别为：

$\left(x^{(0)}(1),x^{(0)}(2),x^{(0)}(3),x^{(0)}(4),x^{(0)}(5)\right)$

$\left(x^{(0)}(2),x^{(0)}(3),x^{(0)}(4),x^{(0)}(5),x^{(0)}(6)\right)$

$\left(x^{(0)}(3),x^{(0)}(4),x^{(0)}(5),x^{(0)}(6),x^{(0)}(7)\right)$

$\left(x^{(0)}(4),x^{(0)}(5),x^{(0)}(6),x^{(0)}(7),x^{(0)}(8)\right)$

$\left(x^{(0)}(5),x^{(0)}(6),x^{(0)}(7),x^{(0)}(8),x^{(0)}(9)\right)$

$\left(x^{(0)}(6),x^{(0)}(7),x^{(0)}(8),x^{(0)}(9),x^{(0)}(10)\right)$

$\left(x^{(0)}(7),x^{(0)}(8),x^{(0)}(9),x^{(0)}(10),x^{(0)}(11)\right)$

$\left(x^{(0)}(8),x^{(0)}(9),x^{(0)}(10),x^{(0)}(11),x^{(0)}(12)\right)$

$\left(x^{(0)}(9),x^{(0)}(10),x^{(0)}(11),x^{(0)}(12),x^{(0)}(13)\right)$

对各5维子序列按传统GM（1，1）模型方法进行预测，可计算出5维子序列对应的GM（1，1）模型，则可建立一个包含9个子序列的GM（1，1）模型群，然后对这9个子序列GM（1，1）模型群进行拟合度检验和精度检验，计算结果见表7-8。

其余9种固定维数的处理方式与上完全相同，在此不予赘述。对各固定维数的子序列GM（1，1）模型进行精度检验和拟合度检验，求出相应的算术平均数，计算结果见表7-9。

表7-8　　5维新陈代谢GM（1，1）模型群计算结果

选用原始序列数据所在位置	$\overline{e(i)}$	C	P	s
1-5	0.0340	0.4906	0.8	0.5806
2-6	0.3956	2.6850	0	0.2540
3-7	0.0021	0.5935	0.8	0.4686
4-8	0.0033	0.4481	1	0.7136
5-9	0.0033	0.2381	1	0.6724
6-10	0.0017	0.0805	1	0.5431
7-11	0.0005	0.0207	1	0.6232
8-12	0.0076	0.2175	1	0.6036
9-13	0.0063	0.1597	1	0.5942
平均数	0.0505	0.5482	0.8444	0.5615

表7-9　　新陈代谢GM（1，1）模型群计算结果

序列维数	$\overline{e(i)}$	C	P	s
13	0.0421	0.8165	0.3077	0.7912
12	0.0319	0.5990	0.9167	0.5800
11	0.0327	0.3634	0.7273	0.5619
10	0.0211	0.4261	0.9000	0.5692
9	0.0169	0.3673	0.9556	0.6059
8	0.0131	0.3167	0.9583	0.6067
7	0.0107	0.2927	0.9796	0.6166
6	0.0108	0.3115	0.8958	0.5705
5	0.0505	0.5482	0.8444	0.5615
4	0.0085	0.3342	0.9400	0.5652

第3步，比较各平均数，从中挑选最优的子序列GM（1，1）模型应用于预测。

通过表7-9中精度检验指标和拟合度检验指标的比较发现，固定为7维时，精度检验指标排在第一，达到最优水平，拟合度检验指标虽没排在第一，但排在第二，大于0.6，拟合程度较好。

综合考虑变起点模型和新陈代谢模型的结果，挑选出高精度与高拟合度的7维子序列GM（1，1）模型作为最优预测模型，确定最优维数，即为神经网络模型输入层神经元应输入个数，并应用改进的神经网络进行预测。

7.5 供应链中断下改进的灰色BP神经网络预测模型

BP神经网络由输入层、输出层和若干隐含层构成。

一般而言，BP神经网络输入层神经元个数的选取要么固定为1，要么随意设定。这种做法能较好控制神经网络预测模型内部的误差，但并没有同时控制灰色BP神经网络预测模型的误差，这就会导致总误差不能得到最佳控制。本章BP神经网络输入层神经元个数从所构建的最优变起点GM（1，1）模型及最优新陈代谢GM（1，1）模型的维数确定，为BP神经网络输入层神经元个数的选取设定了选取依据。通过变起点GM（1，1）模型和新陈代谢GM（1，1）模型计算可知，7维子序列GM（1，1）模型为最优模型，故BP神经网络输入层包含7个神经元。

BP神经网络隐含层神经元数目过少，网络很难识别样本，难以完成训练；如果隐含层神经元数目过多，则会延长网络的训练时间，降低网络的泛化能力。隐含层神经元数的确定可根据Kolmogorov定理来确定。[208] 若隐含层神经元个数用i表示，输入层神经元个数用n表示，则其公式为：

$$i = 2n + 1 \tag{7.3}$$

由于改进的灰色BP神经网络输入层包含7个神经元，故隐含层包含15个神经元。

改进的灰色BP神经网络输出层神经元个数为1，即每次输出1个预测结果。

综上，所建的改进的灰色BP神经网络的拓扑结构为7–15–1。网络隐含层神经元传递函数采用Sigmoid函数，输出层神经元传递函数采用线性函数Purelin，训练函数为基于Bayes算法的Trainbr方法，以有效提升网络的泛化能。训练目标精度为0.005，终止训练步数为6 000，通过2 705次的训练，其预测结果（$\widehat{x^{(0)}}$）、归一化结果（$\varpi^{(0)'}(k)$）及模型评价指标见表7–10。

表7–10 **改进的灰色BP神经网络计算过程及结果**

时间	$x^{(0)}$	$\widehat{x^{(0)}}$	$\varpi^{(0)'}(k)$	$\varepsilon^{(0)}(i)$	e(i)（%）
1	5 285	–	0.8488	–	–
2	5 313	–	0.8749	–	–
3	4 492	–	0.1112	–	–
4	4 480	–	0.1000	–	–
5	4 486	–	0.1056	–	–
6	4 489	–	0.1084	–	–
7	4 512	–	0.1298	–	–
8	4 583	4 584.8	0.1958	–1.8	0.04
9	4 680	4 680.2	0.2860	–0.2	0.00
10	4 795	4 825.5	0.3930	–30.5	0.64
11	4 900	4 955.7	0.4907	–55.7	1.14
12	5 215	5 112.4	0.7837	102.6	1.97
13	5 340	5 354.4	0.9000	–14.4	0.27

将所构建的改进的灰色BP神经网络预测模型的预测精度与所构建的传统GM（1，1）预测模型的预测精度进行比较，发现改进的灰色BP神经网络预测模型的预测精度明显优于传统GM（1，1）预测模型的预测精度。不妨将传统GM（1，1）预测模型的绝对误差$\varepsilon^{(0)}(i)$简记为传统$\varepsilon^{(0)}(i)$、传统GM（1，1）预测模型的相对误差e(i)简记为传统e(i)、将改进的灰色BP神经网络预测模型的绝对误差$\varepsilon^{(0)}(i)$简记为BP$\varepsilon^{(0)}(i)$、将改进的灰色BP神经网络预测模型的相对误差e(i)简记为BPe(i)，比

较结果见表7-11。

表7-11　**改进的灰色BP神经网络预测模型与传统GM（1，1）预测模型精度比较**

时间	传统 $\varepsilon^{(0)}(i)$	传统 e(i)（%）	BP$\varepsilon^{(0)}(i)$	BPe(i)（%）
1	0	0	-	-
2	776.3	14.61	-	-
3	-86.5	1.92	-	-
4	-140.6	3.14	-	-
5	-177.1	3.95	-	-
6	-217.0	4.83	-	-
7	-237.3	5.26	-	-
8	-210.0	4.58	-1.8	0.04
9	-157.1	3.36	-0.2	0.00
10	-86.6	1.81	-30.5	0.64
11	-26.6	0.54	-55.7	1.14
12	243.1	4.66	102.6	1.97
13	322.4	6.03	-14.4	0.27
平均数	206.2	4.21	34.21	0.68

在所构建的变起点模型群和新陈代谢模型群中，7维子序列GM（1，1）模型为最优子序列模型。将7维变起点子序列GM（1，1）模型、7维新陈代谢子序列GM（1，1）模型、传统GM（1，1）预测模型和改进的灰色BP神经网络预测模型的预测精度进行比较，结果见表7-12。

表7-12　**多预测模型精度比较**

时间	e(i)(%)
7维变起点子序列GM（1，1）模型	0.79
7维新陈代谢子序列GM（1，1）模型	1.07
传统GM（1，1）预测模型	4.21
改进的灰色BP神经网络预测模型	0.68

通过比较发现，改进的灰色BP神经网络预测模型的预测精度明显优于传统GM（1，1）预测模型、7维变起点子序列GM（1，1）模型及

7维新陈代谢子序列GM（1，1）模型的预测精度，可应用于供应链中断或突变的时间序列数据预测中，能较好地解决供应链中断预测问题。

这种通过改进的灰色预测模型的最优维数确定BP神经网络输入层神经元个数的方式，既突破了传统灰色GM（1，1）模型对原始数据序列的限制，又体现了神经网络良好非线性逼近特性，提高了拟合程度与预测精度，增强了预测的平稳性与可靠性，能应用于供应链中断或突变的时间序列数据预测中，较好地解决了供应链中断预测问题。预测结果可为供应链企业的生产、库存管理和需求预测提供科学指导。

7.6 建议

湖南HX办公与课椅家具厂，是课椅供应链的供应商。2008年冰灾给课椅供应链带来的直接后果是课椅出现运输中断，课椅供应链出现部分中断。本章以冰灾这一典型外界环境扰动为例，研究供应链节点企业面临需求不确定时的预测问题。这一研究能较好地解决供应链中断预测问题，其预测结果可为供应链节点企业的生产、库存管理和需求预测提供科学指导，具体建议如下：

供应链各节点企业要充分应用灰色预测、神经网络、粒子群方法和马尔科夫等方法对现存的生产、库存和需求信息数据进行分析，探寻适合本企业的预测模型，以应对企业正常与非正常情况下的生产、库存管理和需求预测管理。

供应链各节点企业应积极应用物联网、无线射频技术，并大力实施大数据战略，建立供应链网络信息平台，分享供需信息，实现供应链整体的信息共享，减缓牛鞭效应。通过该信息共享平台，供应链各节点企业对同级节点企业及上下游节点企业的经营状况和存货流动情况的了解程度能有效提升，增强了供应链网络整体的可见性。当供应链中断出现时，各节点企业就能通过该信息共享平台进行协同管理，调整并提高本节点企业的生产水平，动态管控库存与需求。

为了防范供应链中断风险，供应链各节点企业可与存在竞争关系的同级节点企业签订转运合同，当一方货物供给中断而另一方有剩余产品时通过及时转运提高订单满足率，降低供应链中断风险概率。供应链各节点企业可与存在供需关系的邻级节点企业签订柔性合同，通过分阶段执行合同方式应对市场的不确定性变化。这种灵活性的最大好处是平时只需极小的成本维持特定的供需关系，而在供应链中断风险出现时即可利用。通过转运合同和柔性合同的签订，应对企业非正常情况下的生产、库存管理和需求预测管理。

7.7 本章小结

供应链中断是自然灾害（如雪灾、海洋灾害和地震灾害等）和突发社会事件（如工人罢工）等各类突发事件的直接结果，对供应链节点企业和供应链整体均带来了多重负面影响，甚至可能导致供应链瘫痪和瓦解。供应链中断后的需求具有高度不确定性，且对供应商的生产和库存影响大，供应链中断预测问题暂没有好的解决方案。

本书正是基于此，设计了改进的灰色BP神经网络预测模型：

首先利用传统GM（1，1）模型针对供应链中断的时间序列进行预测，数据的突变和不平稳导致了预测精度较差；然后在此基础上分别采用变起点GM（1，1）模型和新陈代谢GM（1，1）模型对传统GM（1，1）模型进行改进，挑选出高精度与高拟合度的最优GM（1，1）预测模型确定最优的维数；最优的维数为神经网络模型输入层神经元个数，最后应用改进的灰色BP神经网络进行预测。

然后以受中国南方2008年冰灾影响，销售出现部分中断的湖南HX办公与课椅家具厂为实例，首先构建了传统GM（1，1）模型，计算结果表明，由于受远期数据突变和中断的影响与干扰，虽然达到了拟合度检验要求，但基本上达不到预测精度要求。在此基础上，应用变起点模型和新陈代谢模型对传统GM（1，1）模型进行改进：变起点模型的计算结果表明，7维子序列GM（1，1）模型和4维子序列GM（1，1）模型均可作为预测模型，新陈代谢模型的计算结果表明，固定为7维GM（1，1）模型为最优预测模型。故通过两种建模方式的比较和结合，选择7维子序列GM（1，1）模型作为预测模型，最优的维数为7维，以此确定BP神经网络输入层神经元个数为7个。改进的灰色BP神经网络隐含层神经元个数主要根据Kolmogorov定理来确定。改进的灰色BP神经网络输出层神经元个数为1，即每次输出1个预测结果。以此构建了网络拓扑结构为7-15-1的改进的灰色BP神经网络。

最后，隐含层神经元传递函数采用Sigmoid函数，输出层神经元传递函数采用线性函数Purelin，训练函数为基于Bayes算法的Trainbr，训练目标精度为0.005，终止训练步数为6 000，通过应用MATLAB2011，每次输入7组数据，通过2 705次训练，达到了0.005的精度要求。通过比较分析，发现改进的灰色BP神经网络预测模型的预测精度明显优于传统GM（1，1）预测模型、7维变起点子序列GM（1，1）模型及7维新陈代谢子序列GM（1，1）模型的预测精度，验证了所构建的改进的灰色BP神经网络预测模型的可行性。

这种通过改进的BP灰色预测模型的最优维数确定BP神经网络输入层神经元个数的方式，既突破了传统灰色GM（1，1）模型对原始数据序列的限制，又体现了神经网络良好非线性逼近特性，提高了拟合程度与预测精度，增强了预测的平稳性与可靠性，能应用于供应链中断或突变的时间序列数据预测中，较好地解决了供应链中断预测问题。预测结果可为供应链企业的生产、库存管理和需求预测提供科学指导。

8　供应链中断风险下成员利润分配优化策略研究

供应链是以价值整合和创造为驱动的价值链，由供应商、制造商、分销商、零售商等组成，原材料与零部件通过节点企业形成产品，经过流通配送环节后最终到达用户手中，由此构成一个完整供应链的全部活动。在供应链中断风险下，供应链节点企业是互利共赢的合作对象，但企业间仍然是不同的收益个体，各企业在维护供应链整体绩效的基础上，争取自身利润的最大化。由此，在维持供应链稳定性的基础上，应对供应链中断风险，协调供应链上不同收益主体之间的利润分配以保障公平性与有效性，成为供应链中断风险管理的一大重要问题。本部分正是基于此，主要针对由制造商、分销商和零售商组成的具有二层渠道的三级供应链中成员间合作利润分配展开研究。在供应链正常及供应链中断两种情况下分别构建了基于Stackelberg利润独立分配模型和成员合作利润分配模型，进行博弈分析，合作情形下各节点企业可通过讨价还价能力的大小来选择适当的分配因子进行利润分配；同时，供应链各节点企业合作时可以依据讨价还价能力的大小来选择适当的分配因子进行分配。

由于所引入的分配因子只能给予各节点企业利润分配的大致范围，因此，为优化供应链节点企业合作状态，可以使用Shapley值法分配利润。通过引入Shapley值法及其算例，进一步证明了供应链节点企业间的合作能有效提高利润水平，并保证供应链利润分配的合理性与有效性。

8.1 引言

当前，对多样化、个性化、系统化与国际化的市场需求做出快速反应已成为现代企业生存与持续发展的必要条件。经济全球化、信息技术的进步以及管理思想的创新，使得企业竞争方式发生了根本变化，已由传统的企业间的竞争转向供应链之间的竞争。

供应链是以价值整合和创造为驱动的价值链，由供应商、制造商、分销商、零售商等组成，原材料与零部件通过节点企业形成产品，经过流通配送环节后最终到达用户手中，由此构成一个完整供应链的全部活动。供应链企业常表现为合作体，但企业间仍然是不同的收益个体，各企业在维护供应链整体绩效的基础上，争取自身利润的最大化。由此，在维持供应链稳定性的基础上，协调供应链上不同收益主体之间的利润分配以保障公平性与有效性，就成为供应链管理的一个重要问题。

供应链的生产与分销渠道按长度来分主要有零层渠道、一层渠道和多层渠道（二层以上）。多层渠道是在生产商和零售商之间增加了分销商环节，通常理解为三级、多级供应链。市场经济中，批发企业依然存在，“制造商-分销商-零售商-客户”是常见的供应链模式。

对于供应链利润分配与优化问题，已有较多学者进行了研究，但少见同时考虑供应链正常及供应链中断时的情况。在供应链中断的情况下，恐慌心理可能导致企业需求增加；由于转向其他企业或替代品，需求也可能减少。

本章主要针对由制造商、分销商和零售商组成的具有二层渠道的三级供应链中成员间合作利润分配展开研究。相关内容具体安排如下：第二部分为模型假设；第三部分为利润独立分配模型构建与优化策略研究；第四部分为供应链节点企业合作时的利润分配模型构建与优化策略研究；第五部分为Shapley值法及算例分析。通过分析发现，供应链节点企业间的合作能通过降低价格、扩大销售量提升供应链整体利润。供应链各节点企业合作时可以依据讨价还价能力的大小来选择适当的分配因子进行分配，通过引入Shapley值法进行利润再分配以保障供应链利润分配的合理性与有效性。

8.2 模型假设

假设供应链由一个制造商、一个分销商和一个零售商构成，制造商向分销商供应产品，分销商将产品批发给零售商。由此进一步假设：制造商A以单位价格p_1向分销商供应产品，制造商付出的单位产品生产成本为c_1（设为常数）；分销商B在单位价格p_1的基础上增加p_2再批发给零售商，分销商付出的单位产品销售成本为c_2（设为常数，已扣除进价p_1）；零售商C在单位价格p_1、p_2的基础上增加p_3再销售给顾客，零售商付出的单位产品销售成本为c_3（设为常数，已扣除进价p_1与p_2）。

供应链正常时，订货量（计划需求量）和销售量（实际需求量）均为Q，出售给顾客的价格为p，制造商的利润为π_A，分销商的利润为π_B，零售商的利润为π_C，供应链总利润为π；需求函数是一个多元函数，与商品自身价格、消费者收入水平、相关商品价格、消费者偏好等均有关系，由于价格在此起决定作用，假定在需求函数中价格是自变量，其他为常量；基于需求规律，商品需求量与价格呈反方向变动关系，可定义$Q=\alpha-\beta p$（α为市场容量，β为价格敏感因子，均大于0，$p=p_1+p_2+p_3$），则：$\pi_A=(p_1-c_1)Q$，$\pi_B=(p_2-c_2)Q$，$\pi_C=(p_3-c_3)Q$，$\pi=(p_1+p_2+p_3-c_1-c_2-c_3)Q$。出现供应链中断时，中断前订货量（计划需求量）为$Q=\alpha-\beta p$（即为无中断情况下的需求量），中断后销售量（即为中断协调好后的实际需求量）为$Q=\alpha-\beta p+m$。当$m>0$时表示需求量有所增加，为了满足新的需求m，制造商要考虑是否增加生产。若增加生产，对原材料等资源的急需可能使制造商资源的边际使用费用更高，假定新增产品的生产成本由c_1增加到c_1+c_{11}。当$m<0$时，这表示需

求量有所减少，假定制造商生产的多余产品m卖不出去（也可假定多余的产品以远低于正常价格在二级市场卖出，处理方式基本相同，这里对此种情况不予考虑）。

8.3 利润独立分配模型构建与优化策略研究

Stackelberg博弈模型中，领头企业首先做出决策，尾随企业紧随领头企业做自身决策。因此，这是一个完全信息动态博弈。这里假设制造商是领头企业并由其首先做出决策，然后零售商做出决策，最后分销商做出决策。由于求解动态博弈的方法一般都是采用逆向归纳法，即从后一阶段向前一阶段求解，所以做出反应的顺序依次是：分销商、零售商和制造商。

8.3.1 供应链正常情况下成员利润独立分配模型构建

第一阶段：分销商B先对制造商A的决策做出反应，追求π_B最大化，则$\frac{\partial \pi_B}{\partial p_2}=0$，得：

$$p_2=\frac{\alpha-\beta\left(p_1+p_3-c_2\right)}{2\beta} \tag{8.1}$$

之后零售商C对传递到的制造商A的决策做出反应，追求π_C最大化，则$\frac{\partial \pi_c}{\partial p_3}=0$，得：

$$p_3=\frac{\alpha-\beta\left(p_1+c_2-c_3\right)}{2\beta} \tag{8.2}$$

第二阶段：制造商A对分销商B及零售商C可能的反应做出决策，追求π_A最大化，则$\frac{\partial \pi_A}{\partial p_1}=0$，得：

$$p_1=\frac{\alpha-\beta\left(c_2+c_3-c_1\right)}{2\beta} \tag{8.3}$$

将式（8.3）代入式（8.1）和式（8.2）得：

$$p_2=\frac{\alpha-\beta\left(c_1+c_3-7c_2\right)}{8\beta}，\quad p_3=\frac{\alpha-\beta\left(c_1+c_2-3c_3\right)}{4\beta}$$

于是有：

$$p=\frac{7\alpha+\beta(c_1+c_2+c_3)}{8\beta},\ Q=\frac{\alpha-\beta(c_1+c_2+c_3)}{8},\ \pi_A=\frac{[\alpha-\beta(c_1+c_2+c_3)]^2}{16\beta},$$

$$\pi_B=\frac{[\alpha-\beta(c_1+c_2+c_3)]^2}{64\beta},\ \pi_C=\frac{[\alpha-\beta(c_1+c_2+c_3)]^2}{32\beta},\ \pi=\frac{7[\alpha-\beta(c_1+c_2+c_3)]^2}{64\beta}$$

通过以上利润计算观察到，$c_1+c_2+c_3$增加，制造商A、分销商B和零售商C的利润均同时减少，可见成本对利润起到了关键作用。要提高供应链中各节点企业的利润，就必须加强企业间的合作，以降低各自成本而达到降低总成本目的。

8.3.2 供应链中断风险下成员利润独立分配优化策略研究

供应链中断导致需求增加时，$m>0$，$Q=\alpha-\beta p+m$，$\pi_A=(p_1-c_1)Q-mc_{11}$，$\pi_B=(p_2-c_2)Q$，$\pi_C=(p_3-c_3)Q$。

第一阶段：分销商B先对制造商A的决策做出反应，追求π_B最大化，则$\frac{\partial\pi_B}{\partial p_2}=0$，得：

$$p_2=\frac{\alpha+m-\beta(p_1+p_3-c_2)}{2\beta} \tag{8.4}$$

之后零售商C对传递到的制造商A的决策做出反应，追求π_C最大化，则$\frac{\partial\pi_c}{\partial p_3}=0$，得：

$$p_3=\frac{\alpha+m-\beta(p_1+c_2-c_3)}{2\beta} \tag{8.5}$$

第二阶段：制造商A对分销商B及零售商C可能的反应做出决策，追求π_A最大化，则$\frac{\partial\pi_A}{\partial p_1}=0$，得：

$$p_1=\frac{\alpha+m-\beta(c_2+c_3-c_1)}{2\beta} \tag{8.6}$$

将式（8.6）代入式（8.4）和式（8.5）得：

$$p_2=\frac{\alpha+m-\beta(c_1+c_3-7c_2)}{8\beta},\ p_3=\frac{\alpha+m-\beta(c_1+c_2-3c_3)}{4\beta}$$

于是有：

$$p=\frac{7(\alpha+m)+\beta(c_1+c_2+c_3)}{8\beta},\ Q=\frac{\alpha+m-\beta(c_1+c_2+c_3)}{8},\ \pi_A=\frac{[\alpha+m-\beta(c_1+c_2+c_3)]^2}{16\beta}-mc_{11},$$

$$\pi_B=\frac{[\alpha+m-\beta(c_1+c_2+c_3)]^2}{64\beta},\ \pi_C=\frac{[\alpha+m-\beta(c_1+c_2+c_3)]^2}{32\beta},\ \pi=\frac{7[\alpha+m-\beta(c_1+c_2+c_3)]^2}{64\beta}-mc_{11}$$

与供应链正常情况下的利润独立分配模型相比：

$$\Delta p=\frac{7(\alpha+m)+\beta(c_1+c_2+c_3)}{8\beta}-\frac{7\alpha+\beta(c_1+c_2+c_3)}{8\beta}=\frac{7m}{8\beta}$$

$$\Delta Q=\frac{\alpha+m-\beta(c_1+c_2+c_3)}{8}-\frac{\alpha-\beta(c_1+c_2+c_3)}{8}=\frac{m}{8}$$

由 $m>0$ 可知，价格有所提高，销售量有所增加。值得一提的是，提高的价格 $\Delta p\neq\frac{m}{\beta}$，而是 $\Delta p=\frac{7m}{8\beta}$，说明制造商A、分销商B和零售商C三者竞争的关系浪费了本可以提高的 $\frac{m}{8\beta}$。由于假定制造商A是领头企业并由其首先做出决策，然后零售商B做出决策，最后分销商C做出决策，所以制造商A应分配最多，其次是零售商B，分配最少的是分销商C。通过计算，得：

$$\Delta p_1=\frac{\alpha+m-\beta(c_2+c_3-c_1)}{2\beta}-\frac{\alpha-\beta(c_2+c_3-c_1)}{2\beta}=\frac{m}{2\beta}$$

$$\Delta p_2=\frac{\alpha+m-\beta(c_1+c_3-7c_2)}{8\beta}-\frac{\alpha-\beta(c_1+c_3-7c_2)}{8\beta}=\frac{m}{8\beta}$$

$$\Delta p_3=\frac{\alpha+m-\beta(c_1+c_2-3c_3)}{4\beta}-\frac{\alpha-\beta(c_1+c_2-3c_3)}{4\beta}=\frac{m}{4\beta}$$

这证明了 $\frac{7m}{8\beta}$ 的分配的确如此，即分配份额的大小取决于决策顺序：

$$\Delta\pi=\frac{7[\alpha+m-\beta(c_1+c_2+c_3)]^2}{64\beta}-mc_{11}-\frac{7[\alpha-\beta(c_1+c_2+c_3)]^2}{64\beta}$$

$$=\frac{7m[2\alpha+m-2\beta(c_1+c_2+c_3)]-64\beta mc_{11}}{64\beta}$$

由供应链正常情况下的利润独立分配模型 $Q=\frac{\alpha-\beta(c_1+c_2+c_3)}{8}$，可知 $\alpha-\beta(c_1+c_2+c_3)\geqslant0$，于是当 $m\geqslant\frac{64}{7}\beta c_{11}$ 时 $\Delta\pi\geqslant0$。可见市场容量的增加依赖于价格敏感因子 β 和新增的额外单位成本 c_{11} 这两个因素。当市场容量的增量大于 $\frac{64}{7}\beta c_{11}$ 时，制造商才会在原有基础上扩大生产，从而带来供应链总利润的增加，否则制造商不追加生产。

需求减少时，$m<0$，$Q=\alpha-\beta p+m$，$\pi_A=(p_1-c_1)Q+mc_1$，$\pi_B=(p_2-c_2)Q$，$\pi_C=(p_3-c_3)Q$，此处的计算方法及过程与需求增加时完全相同，在此省略，计算结果为：

$$p_1=\frac{\alpha+m-\beta(c_2+c_3-c_1)}{2\beta},\ p_2=\frac{\alpha+m-\beta(c_1+c_3-7c_2)}{8\beta},\ p_3=\frac{\alpha+m-\beta(c_1+c_2-3c_3)}{4\beta},$$

$$p=\frac{7(\alpha+m)+\beta(c_1+c_2+c_3)}{8\beta},\ Q=\frac{\alpha+m-\beta(c_1+c_2+c_3)}{8},\ \pi_A=\frac{[\alpha+m-\beta(c_1+c_2+c_3)]^2}{16\beta}+mc_1,$$

$$\pi_B=\frac{[\alpha+m-\beta(c_1+c_2+c_3)]^2}{64\beta},\ \pi_C=\frac{[\alpha+m-\beta(c_1+c_2+c_3)]^2}{32\beta},\ \pi=\frac{7[\alpha+m-\beta(c_1+c_2+c_3)]^2}{64\beta}+mc_1$$

与供应链正常情况下的利润独立分配模型相比：

$$\Delta p=\frac{7(\alpha+m)+\beta(c_1+c_2+c_3)}{8\beta}-\frac{7\alpha+\beta(c_1+c_2+c_3)}{8\beta}=\frac{7m}{8\beta}$$

$$\Delta Q=\frac{\alpha+m-\beta(c_1+c_2+c_3)}{8}-\frac{\alpha-\beta(c_1+c_2+c_3)}{8}=\frac{m}{8}$$

由$m<0$可知，价格与销售量均有所下降。值得一提的是，下降的价格Δp不是$\frac{m}{\beta}$，而是$\frac{7m}{8\beta}$，说明制造商A、分销商B和零售商C三者竞争的关系获得了本还可以下降的$\frac{m}{8\beta}$。对于$\frac{7m}{8\beta}$的分配，制造商A分配$\frac{m}{2\beta}$，分销商B分配$\frac{m}{8\beta}$，零售商C分配$\frac{m}{4\beta}$，与上述计算结果相同，再次证明了分配份额的大小取决于决策顺序：

$$\begin{aligned}\Delta\pi&=\frac{7[\alpha+m-\beta(c_1+c_2+c_3)]^2}{64\beta}+mc_1-\frac{7[\alpha-\beta(c_1+c_2+c_3)]^2}{64\beta}\\&=\frac{7m[2\alpha+m-2\beta(c_1+c_2+c_3)]+64\beta mc_1}{64\beta}\end{aligned}$$

由供应链正常情况下的利润独立分配模型$Q=\frac{\alpha-\beta(c_1+c_2+c_3)}{8}$，可知$\alpha-\beta(c_1+c_2+c_3)\geqslant0$，于是当$-m\geqslant\frac{64}{7}\beta c_1$时$\Delta\pi\geqslant0$，可见市场容量的减少依赖于价格敏感因子$\beta$和单位成本$c_1$两个因素。当市场容量减少量大于$\frac{64}{7}\beta c_1$时，制造商才会在原有基础上对原生产计划和价格进行调整从而带来供应链总利润的增加，否则制造商不予调整。

8.4 成员合作时的利润分配模型构建与优化策略研究

为提高市场竞争力，供应链上各节点企业展开紧密合作。以供应链系统总利润最大或总成本最小为目标，形成制造商、分销商与零售商的战略联盟，强调制造商、分销商与零售商战略联盟的内部信息共享，通过合作、沟通与协商来达到双赢或多赢目的。

8.4.1 供应链正常情况下企业合作利润分配模型构建

要使供应链总体利润最大，只要使总利润$\pi=(p-c_1-c_2-c_3)Q$达到最大即可，由$\frac{\partial\pi}{\partial p}=0$，得：

$$p=\frac{\alpha+\beta(c_1+c_2+c_3)}{2\beta},\ Q=\frac{\alpha-\beta(c_1+c_2+c_3)}{2},\ \pi=\frac{[\alpha-\beta(c_1+c_2+c_3)]^2}{4\beta}$$

与供应链正常情况下的利润独立分配模型相比：

$$\Delta p=\frac{\alpha+\beta(c_1+c_2+c_3)}{2\beta}-\frac{7\alpha+\beta(c_1+c_2+c_3)}{8\beta}=\frac{-3\alpha+3\beta(c_1+c_2+c_3)}{8\beta}$$

$$\Delta Q=\frac{\alpha-\beta(c_1+c_2+c_3)}{2}-\frac{\alpha-\beta(c_1+c_2+c_3)}{8}=\frac{3\alpha-3\beta(c_1+c_2+c_3)}{8}$$

由$Q=\frac{\alpha-\beta(c_1+c_2+c_3)}{2}\geqslant 0$，可知$\alpha-\beta(c_1+c_2+c_3)\geqslant 0$，故：

$$\Delta p\leqslant 0,\ \Delta Q\geqslant 0$$

$$\Delta\pi=\frac{[\alpha-\beta(c_1+c_2+c_3)]^2}{4\beta}-\frac{7[\alpha-\beta(c_1+c_2+c_3)]^2}{64\beta}=\frac{9[\alpha-\beta(c_1+c_2+c_3)]^2}{64\beta}\geqslant 0$$

可见，企业合作后，通过降低价格，增加销售量，可使供应链总利润有所提高。

假设供应链上各节点企业按照一定的比例分配利润，制造商、分销商和零售商所得利润的分配因子分别为λ_1、λ_2、λ_3（$0\leqslant\lambda_1,\lambda_2,\lambda_3\leqslant 1$；且$\lambda_1+\lambda_2+\lambda_3=1$)，分配因子的大小反映企业分配利润的能力，于是：

制造商A的利润$\pi_A=\frac{\lambda_1[\alpha-\beta(c_1+c_2+c_3)]^2}{4\beta}$，$p_1=\frac{\lambda_1[\alpha-\beta(c_1+c_2+c_3)]}{2\beta}+c_1$

分销商B的利润$\pi_B=\frac{\lambda_2[\alpha-\beta(c_1+c_2+c_3)]^2}{4\beta}$，$p_2=\frac{\lambda_2[\alpha-\beta(c_1+c_2+c_3)]}{2\beta}+c_2$

零售商C的利润$\pi_C = \frac{\lambda_3[\alpha - \beta(c_1 + c_2 + c_3)]^2}{4\beta}$，$p_3 = \frac{\lambda_3[\alpha - \beta(c_1 + c_2 + c_3)]}{2\beta} + c_3$

要使各节点企业紧密合作，还须满足合作时各节点企业获得利润不小于非合作时各自的利润，即要实现双赢，否则合作便不能实现，则：

$$\frac{\lambda_1[\alpha - \beta(c_1 + c_2 + c_3)]^2}{4\beta} \geqslant \frac{[\alpha - \beta(c_1 + c_2 + c_3)]^2}{16\beta}$$

$$\frac{\lambda_2[\alpha - \beta(c_1 + c_2 + c_3)]^2}{4\beta} \geqslant \frac{[\alpha - \beta(c_1 + c_2 + c_3)]^2}{64\beta}$$

$$\frac{\lambda_3[\alpha - \beta(c_1 + c_2 + c_3)]^2}{4\beta} \geqslant \frac{[\alpha - \beta(c_1 + c_2 + c_3)]^2}{32\beta}$$

得：

$\lambda_1 \geqslant 1/4$，$\lambda_2 \geqslant 1/16$，$\lambda_3 \geqslant 1/8$，且$\lambda_1 + \lambda_2 + \lambda_3 = 1$

因此，若要制造商、分销商与零售商能积极合作，则分配因子的大小须满足上式要求。这种方法只给出了大致的取值范围，或者说通过这种方法给定分配方案后，制造商、分销商与零售商的积极性可能还不够高，此时还需要再次分配。为保持联盟的稳定性，可用Shapley值法进行二次分配来调动供应链节点企业的积极性。

8.4.2 供应链中断风险下合作利润分配优化策略研究

需求增加时，要使供应链总体利润最大，只要使总利润$\pi = (\alpha - \beta p + m)p - (\alpha - \beta p + m)(c_1 + c_2 + c_3) - mc_{11}$达到最大即可，由$\frac{\partial \pi}{\partial p} = 0$，得：

$$p = \frac{\alpha + m + \beta(c_1 + c_2 + c_3)}{2\beta},\ Q = \frac{\alpha + m - \beta(c_1 + c_2 + c_3)}{2},\ \pi = \frac{[\alpha + m - \beta(c_1 + c_2 + c_3)]^2}{4\beta} - mc_{11}$$

与供应链正常情况下的企业合作利润分配模型相比：

$$\Delta\pi = \frac{[\alpha + m - \beta(c_1 + c_2 + c_3)]^2}{4\beta} - mc_{11} - \frac{[\alpha - \beta(c_1 + c_2 + c_3)]^2}{4\beta}$$

$$= \frac{m[2\alpha + m - 2\beta(c_1 + c_2 + c_3 + 2c_{11})]}{4\beta}$$

由供应链正常情况下的企业合作利润分配模型$Q = \frac{\alpha - \beta(c_1 + c_2 + c_3)}{2}$，可知$\alpha - \beta(c_1 + c_2 + c_3) \geqslant 0$，于是当$m \geqslant 4\beta c_{11}$时$\Delta\pi \geqslant 0$，可见，市场容量的增加依赖于价格敏感因子$\beta$和新增的额外单位成本$c_{11}$这两个因素。

当市场容量的增加大于$4\beta c_{11}$时，制造商才会在原有合作基础上扩大生产，从而带来供应链总利润的增加，否则制造商不会追加生产。

与供应链中断情况下需求增加时的利润独立分配优化策略相比：

$$\Delta\pi=\frac{[\alpha+m-\beta(c_1+c_2+c_3)]^2}{4\beta}-mc_{11}-\left\{\frac{7[\alpha-\beta(c_1+c_2+c_3)]^2}{64\beta}-mc_{11}\right\}$$

$$=\frac{9[\alpha-\beta(c_1+c_2+c_3)]^2}{64\beta}\geqslant 0$$

可见，供应链各节点企业合作后，通过降低价格，增加销售量，可以提高利润（与上述计算方法相同，在此省略）；同时通过比较，虽然市场容量的增加均依赖于价格敏感因子β和新增的额外单位成本c_{11}这两个因素，但供应链各节点企业合作时市场容量增量对价格敏感因子β和新增的额外单位成本c_{11}的依赖程度要远低于各企业相互独立、彼此竞争时的情况（因为$4<\frac{64}{7}$）。

当需求减少时，要使供应链总体利润最大，只要使总利润$\pi=(\alpha-\beta p+m)p-(\alpha-\beta p+m)(c_1+c_2+c_3)+mc_1$达到最大即可，由$\frac{\partial\pi}{\partial p}=0$，得：

$$p=\frac{\alpha+m+\beta(c_1+c_2+c_3)}{2\beta},\ Q=\frac{\alpha+m-\beta(c_1+c_2+c_3)}{2},\ \pi=\frac{[\alpha+m-\beta(c_1+c_2+c_3)]^2}{4\beta}+mc_1$$

与供应链正常情况下的企业合作利润分配模型相比：

$$\Delta\pi=\frac{[\alpha+m-\beta(c_1+c_2+c_3)]^2}{4\beta}+mc_1-\frac{[\alpha-\beta(c_1+c_2+c_3)]^2}{4\beta}$$

$$=\frac{m[2\alpha+m-2\beta(c_1+c_2+c_3-2c_1)]}{4\beta}$$

由供应链正常情况下的企业合作利润分配模型$Q=\frac{\alpha-\beta(c_1+c_2+c_3)}{2}$，可知$\alpha-\beta(c_1+c_2+c_3)\geqslant 0$，于是当$-m\geqslant 4\beta c_1$时$\Delta\pi\geqslant 0$，可见市场容量的减少依赖于价格敏感因子$\beta$和单位成本$c_1$这两个因素。当市场容量减少量大于$4\beta c_1$时，制造商才会在原有合作基础上对原生产计划和价格进行调整从而带来供应链总利润的增加，否则制造商不予调整。

与供应链中断情况下需求减少时的利润独立分配优化策略相比：

$$\Delta\pi=\frac{[\alpha+m-\beta(c_1+c_2+c_3)]^2}{4\beta}+mc_1-\left\{\frac{7[\alpha-\beta(c_1+c_2+c_3)]^2}{64\beta}+mc_1\right\}$$

$$=\frac{9[\alpha-\beta(c_1+c_2+c_3)]^2}{64\beta}\geqslant 0$$

可见，供应链各节点企业合作后，通过降低价格，增加销售量，可以提高利润（与上述计算方法相同，在此省略）；同时通过比较，虽然市场容量的减少均依赖于价格敏感因子β和单位成本c_1这两个因素，但供应链各节点企业合作时市场容量减量对价格敏感因子β和单位成本c_1的依赖程度要远低于各企业相互独立彼此竞争时的情况（因为$4<\frac{64}{7}$）。

8.5 Shapley值法及算例分析

Shapley值法是用于解决多人合作对策解的一种数学方法，其基本模型为n人合作从事某项经济活动时，对于若干人组合的每种合作形式均会得到一定效益，且组成联盟后所得的总利润大于成员单独经营所获得利润之和。所以，当企业间的利益活动为非对抗性时，合作中企业数目增加不会引起总体效益减少。Shapley值法就是分配n个企业合作利润的一种方案。定义如下：

设I={1, 2, ⋯, n}，表示n个企业组成的集合。如果对于I的任一子集s（表示n个企业集合中的任一组合）都对应一个实值函数v(s)，满足：

$$v(\Phi)=0 \tag{8.7}$$

$$v(s_1\cup s_2)\geqslant v(s_1)+v(s_2),\ s_1\cap s_2=\Phi\quad (s_1,s_2\subseteq I) \tag{8.8}$$

[I,v]为n人合作博弈，v(s)为联盟时企业s所得的收益。式（8.7）和式（8.8）表明合作时企业的收益比不合作时多，合作不会损害个体利益，且伙伴合作时利益最大，最大合作收益记作v(I)，合作联盟分配向量记作$\Phi(v)=(\varnothing_1(v),\varnothing_2(v),\cdots,\varnothing_n(v))$，则合作成功须满足如下条件：

$$\sum_{i=1}^{n}\varnothing_i(v)=v(I),\ \varnothing_i(v)\geqslant v(i), i=1,2,\cdots,n \tag{8.9}$$

用Shapley值法分配的任一企业收益为：

$$\varnothing_i(v)=\sum_{s\in s(i)} w(|s|)\left[v(s)-v(s\backslash i)\right], i=1,2,\cdots,n \tag{8.10}$$

$$w(|s|)=\frac{(n-|s|)!(|s|-1)!}{n!} \tag{8.11}$$

式中：$s(i)$为集合I中包含合作伙伴i的所有子集；$|s|$为联盟s中元素个数；n为集合I中的元素个数；$w(|s|)$是加权因子；$v(s)$为子集s的效益；$v(s\backslash i)$是子集s中去掉合作伙伴i后取得的收益。

不妨以供应链正常情况下的企业合作利润分配为例（供应链中断情况下企业合作利润分配的处理完全相同），假设$\alpha=10\,000$，$\beta=50$，$c_1=50$，$c_2=20$，$c_3=10$，通过代入前述公式，可得到独立分配时$\pi_A=45\,000$，$\pi_B=11\,250$，$\pi_C=22\,500$，$\pi=78\,750$；而合作时的$\pi'=180\,000$，总利润较独立时增加了101 250。合作时制造商、分销商和零售商的利润取决于分配因子，当$\lambda_1\geqslant\frac{1}{4}$，$\lambda_2\geqslant\frac{1}{16}$，$\lambda_3\geqslant 1/8$，且$\lambda_1+\lambda_2+\lambda_3=1$时，合作能增加制造商、分销商和零售商的利润。若给定分配方案后，供应链利润状况并没有较大改善，还可通过再次分配来保持联盟的稳定性，可用Shapley值法来调动成员的积极性。

在临界点上考察供应链制造商、分销商和零售商的利润分配状况。当$\lambda_1=1/4$时，合作前后制造商的利润没有发生变化，均为45 000，可求出合作时分销商和零售商的利润之和为135 000（即$v(B\cup C)=\pi'_B+\pi'_C=135\,000$）；$\lambda_2=1/16$时，合作前后分销商的利润没有发生变化，均为11 250，可求出合作时制造商和零售商的利润之和为168 750（即$v(A\cup C)=\pi'_A+\pi'_C=168\,750$）；当$\lambda_3=1/8$时，合作前后零售商的利润没有发生变化，均为22 500，可求出合作时制造商和分销商的利润之和为157 500（即$v(A\cup B)=\pi'_A+\pi'_B=157\,500$）。具体数据详见表8-1。

进一步用Shapley值法在表8-1的基础上计算出合作时供应链各节点企业具体的利润分配，详见表8-2、表8-3和表8-4。

表 8-1　**制造商、分销商和零售商利润分配数据**

	子集利润		
	制造商 A	分销商 B	零售商 C
制造商 A	45 000	157 500	168 750
分销商 B	157 500	11 250	135 000
零售商 C	168 750	135 000	22 500

表 8-2　**制造商利润分配表**

s	A	A∪B	A∪C	A∪B∪C
v(s)	45 000	157 500	168 750	180 000
v(s\A)	0	11 250	22 500	135 000
v(s)-v(s\A)	45 000	146 250	146 250	45 000
w(|s|)	1/3	1/6	1/6	1/3
∅(v)=78 750	15 000	24 375	24 375	15 000

表 8-3　**分销商利润分配表**

s	B	C∪B	B∪C	A∪B∪C
v(s)	11 250	157 500	135 000	180 000
v(s\B)	0	45 000	22 500	168 750
v(s)-v(s\B)	45 000	112 500	112 500	11 250
w(|s|)	1/3	1/6	1/6	1/3
∅(v)=45 000	3 750	18 750	18 750	3 750

表 8-4　**零售商利润分配表**

s	C	C∪A	C∪B	A∪B∪C
v(s)	12 500	168 750	135 000	180 000
v(s\C)	0	45 000	11 250	157 500
v(s)-v(s\C)	45 000	164 250	123 750	22 500
w(|s|)	1/3	1/6	1/6	1/3
∅(v)=56 250	7 500	20 625	20 625	7 500

从表8-1、表8-2、表8-3和表8-4可以看出，制造商的利润分配为78 750，分销商的利润分配为45 000，零售商的利润分配为56 250，较合作前均增加了33 750。通过再次分配，增加了供应链各节点企业合作的稳定性，保障了各节点企业利润分配的有效性。

8.6 本章小结

本章针对由制造商、分销商和零售商组成的三级供应链节点企业间的利润分配策略进行了研究，在供应链正常及中断两种情况下建立了当制造商在供应链中占主导地位而分销商与零售商处于从属地位时基于Stackelberg的利润独立分配模型。随着成本的增加，制造商、分销商和零售商的利润均同时减少；要提高供应链上各节点企业利润，须加强企业间的合作，以降低各自的成本从而达到降低总成本的目的。当出现供应链中断时，提高（或降低）的价格分配份额的大小取决于决策顺序。与供应链正常情况下的利润独立分配模型相比，需求增加时，当市场容量增量大于$\frac{64}{7}\beta c_{11}$时，制造商才会在原有合作基础上扩大生产，从而带来供应链总利润的增加，否则制造商不追加生产；需求减少时，当市场容量减量大于$\frac{64}{7}\beta c_1$时，制造商才会在原有基础上对原生产计划和价格进行调整，从而带来供应链总利润的增加，否则制造商不予调整。

基于所构建的企业合作时的利润分配模型表明，无论供应链有无中断，供应链节点企业间合作时的总利润均可通过降低价格、扩大销售量使总体利润有所提高，从而明显高于独立决策时节点企业的总利润。与供应链正常情况下的企业合作利润分配模型相比，需求增加时，当市场容量增量大于$4\beta c_{11}$时，制造商才会在原有合作基础上扩大生产，从而带来供应链总利润的增加，否则制造商不追加生产；当市场容量的减少量大于$4\beta c_1$时，制造商才会在原有合作基础上对原生产计划和价格进行调整，从而带来供应链总利润的增加，否则制造商不予调整。与供应链中断情况下利润独立分配优化策略相比，合作时市场容量变动量对βc_{11}

（或βc_1）的依赖程度均远低于独立决策。

供应链各节点企业合作时，可以依据讨价还价能力的大小来选择适当的分配因子进行分配。由于所引入的分配因子只能给予各节点企业利润分配的大致范围，为优化供应链节点企业合作状态，可以使用Shapley值法分配利润。通过引入Shapley值法及其算例，进一步证明了供应链节点企业间的合作能有效提高利润水平，并保证供应链利润分配的合理性与有效性。

9 结论与展望

近年来，各类供应链中断风险事件相继发生，严重影响企业的平稳生产，给企业造成了巨大损失，供应链某节点企业的中断风险可能在供应链系统中出现传导，并不断加剧影响、破坏供应链安全运行，最终可能演化为整条供应链的中断、失效、瘫痪和瓦解。从目前供应链网络的发展趋势以及企业对供应链中断风险及其传导的认识和实践来看，研究供应链中断风险传导机理与预测策略，可以帮助企业深入理解供应链中断风险传导机理，增强企业的供应链中断风险应对能力、核心竞争能力、风险管理水平、应急响应能力以及提高全球供应链的鲁棒性和弹性。

9.1 结论

本书以提升企业供应链中断风险管理理论水平和实践管理能力为根本出发点，以供应链中断风险为主要研究对象，以供应链中断内生风险与外生风险为决策变量，通过对其性质、内涵、特征、分类、影响因素和内在机制等问题进行系统的探索和论证，探讨不同网络结构下的供应链中断风险传导特性。在供应链中断风险传导路径及传导过程中，产品需求具有高度不确定性，供应链中断预测问题暂没有好的解决方案。本书构建了供应链中断风险预测模型，并进行了实证分析。

本书的核心内容由四部分组成：第一部分分析了供应链中断风险传导的概念和特征，详细阐述了供应链中断风险传导要素、供应链中断风险传导路径及供应链中断风险传导过程，分析了供应链中断风险传导的复杂性；第二部分针对供应链中断风险传导路径及传导过程的复杂性特点，引入WS小世界网络和NW小世界网络研究方法，从度、平均度、特征路径长度、聚类系数、顶点度、度分布、网络结构熵及交流频率等多统计参量分析供应链中断风险传导特性，鉴于现实中的供应链网络的规模具有可变性，引入BA无标度网络研究方法分析供应链中断风险传导特性；第三部分构建了供应链中断风险预测模型，并以受中国南方2008年冰灾影响而销售出现部分中断的湖南HX办公与课椅家具厂为实例，进行实证分析，验证了方法的可行性，较好地解决了供应链中断预测问题。第四部分主要探讨由制造商、分销商与零售商所构成的二层渠道三级供应链利润分配问题，在供应链正常及中断两种情况下分别构建了基于Stackelberg的利润独立分配模型和企业合作时的利润分配模型，进行了博弈分析，并比较了不同分配策略对供应链节点企业利润及总利润的影响，发现供应链节点企业可以依据讨价还价能力的大小来选择适当的分配因子进行利润分配，并通过引入Shapley值法及其算例，进一步验证了供应链节点企业间的合作能有效提高供应链整体及节点企业的利润水平，合作后的再分配可有效保障利润分配的合理性与有效性。

本书的主要工作和结论概括如下：

(1) 分析了供应链中断风险传导的概念、特征及传导原因；详细阐述了中断风险源、中断风险传导载体、中断风险流、中断风险道、中断风险阈值和供应链风险宿等六大供应链中断风险传导要素，并绘制了供应链中断风险传导要素逻辑关系图；详细阐述了链式传导路径、网状辐射传导路径、网状集中传导路径和网状交互传导路径等四大供应链中断风险传导路径，并绘制了供应链中断风险传导路径图；将供应链中断风险传导过程分为潜伏期、酝酿期、爆发期、消退期和遗留期等五大阶段；从供应链网络自身结构的复杂性、传导路径及传导过程的动态复杂性等方面探讨了供应链中断风险传导的复杂性，该分析和研究有利于揭示供应链中断风险传导的内在机理和中断风险传导规律，并有助于供应链内部各节点企业的结构稳定、协调和优化。

（2）针对供应链中断风险传导路径及传导过程的复杂性特点，引入WS小世界网络和NW小世界网络研究方法，从度、平均度、特征路径长度、聚类系数、顶点度、度分布、网络结构熵及交流频率等多统计参量角度分析了供应链中断风险传导路径及供应链中断风险传导过程的传导通道与密度、传导路径、传导广度、传导稳定性及传导速度。该多统计参量特性分析验证了供应链中断风险传导路径及传导过程的小世界特性：供应链中断风险传导速度与传导路径和网络节点数均呈负相关关系；较短的中断风险传导路径和较大的聚类系数有利于促进供应链中断风险信息的共享，但却会加快供应链中断风险传导速度、扩大传导广度；当存在核心节点企业时，核心节点企业的稳定性对供应链中断风险传导过程中供应链网络整体的稳定性起到至关重要的作用。基于小世界网络的供应链中断风险传导路径及传导过程研究，拓展了现有供应链中断风险的分析方法，能对供应链中断风险传导路径进行动态分析，能揭示供应链中断风险传导过程的部分规律，并对供应链网络内部各节点企业的结构优化、协作与中断风险传导机理的厘清等有一定帮助。

（3）在小世界网络结构下，供应链中断风险传导路径及供应链中断风险传导过程的传导通道与密度、传导路径、传导广度、传导稳定性及传导速度等影响研究和数值模拟分析表明，当各节点企业能与更多的节点企业建立新的中断风险传导路径时，会提升供应链中断风险传导速度和传导广度，同时增强传导稳定性。各节点企业通过建立新联系，能扩大供应链网络整体的合作范围，促进供应链中断风险信息共享。这是因为，较短的中断风险传导路径能帮助不存在任何直接联系的两个节点企业通过较短的路径建立新的直接联系或间接联系，降低节点企业间中断风险信息传导的时滞，缓解各节点企业以及供应链网络整体的中断风险；另一方面，当各节点企业能与更多的节点企业建立中断风险传导路径时，供应链网络整体的聚类系数会增大，即供应链网络的平均集聚程度会加深。另外，供应链网络中核心节点企业的丧失对供应链网络整体的稳定性会造成较大冲击，具有较小顶点度的节点企业之间若能建立新的强连接或弱连接，则有利于维护供应链网络整体的稳定性，也能使供应链网络处于一种良性竞争局面。故供应链网络中的各节点企业要善于利用强连接关系和弱连接关系，尤其是弱连接关系。在引入弱连接关系时，应有一定的准入标准，且尽可能引入多元化的弱连接关系，与引入的弱连接企业签订合同契约。引入后，应提升各节点企业识别关键特征路径长度的能力及供应链网络的可见性。

（4）小世界网络结构下，在供应链中断风险传导的不同阶段，统计参量要求是不同的。在供应链中断风险传导的潜伏期，可采取有效的预警机制，制定应急准备措施，减缓中断风险的猛烈程度；在酝酿期，较短的特征路径长度与较大的供应链网络聚类系数能降低中断风险传导时滞，提升供应链网络整体的共享信息量，减少不必要的猜疑和恐慌；在爆发期和缓解期，顶点度大的节点企业应担负起所谓中断风险领袖的作用，较大的供应链网络聚类系数能促进各节点企业协同合作，较短的特征路径长度能使中断风险信息在时间上更快共享，增强共享中断风险信息的真实性，减少猜疑和恐慌，各节点企业应通过选择与空间距离或社会距离较近的节点企业建立新的强连接或弱连接，供应链也可建立联合应急互助资金，增强供应链网络整体的风险承受能力，缓解供应链网络整体的中断风险和损失；在遗留期，各节点企业要降低与其他节点企业间的过分依赖关系，减小本节点企业的局部聚类系数，并从组织内部结构着手修复本节点企业，总结经验教训，应对供应链网络存在的遗留问题。故供应链网络整体的聚类系数的大小要根据供应链中断风险传导的不同阶段进行调整。

（5）鉴于现实中的供应链网络的规模可变性，针对供应链中断风险传导路径及传导过程的复杂性特点，应用BA无标度网络对供应链的网络特性进行分析，主要从度、平均度、特征路径长度、聚类系数、顶点度、度分布、网络结构熵及交流频率等多统计参量角度分析供应链中断风险传导路径及供应链中断风险传导过程的传导通道与密度、传导路径、传导广度、传导稳定性及传导速度，并运用MATLAB软件进行了数值模拟和分析。通过研究发现，相对于小世界网络结构，无标度网络结构下多元化的弱连接关系能使各节点企业建立更多的中断风险传导通道，获得更多具有低冗余度特征的中断风险新信息，能更好地规避、转化、分散和应对随机故障类中断风险，能建立更多、更短的供应链中断风险传导路径，能更好地降低节点企业之间中断风险信息传导的时滞，核心节点企业的中继过渡作用依赖程度更小，供应链网络结构僵化的风险更小。

（6）供应链中断风险预测模型的构建，能有效应对供应链中断预测问题。基于传导的供应链中断风险预测模型构建过程如下：先利用传统GM（1，1）模型针对供应链中断的时间序列进行预测，由于数据的突变和不平稳导致了预测精度较差，在此基础上应用变起点模型和新陈代谢模型两种建模方式对传统GM（1，1）模型进行改进。通过两种建模方式的比较和结合，从改进的灰色预测模型中挑选出高精度与高拟合度的最优预测模型，确定最优维数，为神经网络模型输入层神经元个数的确定提供了科学标准。通过确定网络层数、设计模型结构和选择函数、样本数据的预处理、初始权重和学习率的选取和模型评价指标等，系统阐述了BP神经网络，并应用改进的神经网络进行预测。将所构建的传统GM（1，1）预测模型的预测结果及预测精度与所构建的变起点GM（1，1）模型、新陈代谢GM（1，1）模型和改进的灰色BP神经网络预测模型的预测结果及预测精度进行比较。这种做法突破了BP神经网络输入层神经元（来源于灰色预测模型）个数的选取要么固定为1个、要么是随意设定的处理方式，能较好地控制误差。

（7）在所构建的灰色神经网络预测模型的基础上，以受中国南方2008年冰灾影响而销售出现部分中断的湖南HX办公与课椅家具厂为实例，进行了实证分析。实证研究发现，改进的灰色BP神经网络预测模型的预测精度明显优于传统GM（1，1）预测模型、7维变起点子序列GM（1，1）模型及7维新陈代谢子序列GM（1，1）模型的预测精度，验证了方法的可行性。改进的灰色BP神经网络预测模型的构建与实证分析结果表明，通过改进的灰色预测模型的最优维数确定BP神经网络输入层神经元个数的方式，既突破了传统灰色GM（1，1）模型对原始数据序列的限制，又体现了神经网络良好非线性逼近特性，提高了拟合程度与预测精度，增强了预测的平稳性与可靠性，能应用于供应链中断或突变的时间序列数据预测中，较好地解决了供应链中断预测问题。预测结果可为供应链企业的生产、库存管理和需求预测提供科学指导。

（8）供应链节点企业间的合作能有效提高供应链整体及节点企业的利润水平，合作后的利润再分配可有效保障利润分配的合理性与有效性。在此方面，主要针对由制造商、分销商和零售商组成的三级供应链节点企业间的利润分配策略进行了研究，在供应链正常及中断两种情况下建立了当制造商在供应链中占主导地位而分销商与零售商处于从属地位时基于Stackelberg的利润独立分配模型。基于所构建的企业合作时的利润分配模型，发现无论供应链有无中断，供应链节点企业间合作时的总利润均可通过降低价格、扩大销售量使总体利润有所提高，从而明显高于独立决策时节点企业的总利润。供应链各节点企业合作时可以依据讨价还价能力的大小来选择适当的分配因子进行分配。由于所引入的分配因子只能给予各节点企业利润分配的大致范围，为优化供应链节点企业合作状态，可以使用Shapley值法分配利润。通过引入Shapley值法及其算例，进一步证明了供应链节点企业间的合作能有效提高利润水平，并保证供应链利润分配的合理性与有效性。

9.2 展望

回顾已完成的工作，取得了一些有价值的结论，但还存在进一步研究的空间，在未来研究中，可以在以下几个方面展开深入研究：

（1）随着时间的推移，新的供应链中断事件不断涌现，供应链中断风险传导原因、路径及传导过程也将涌现出新的表现形式，对供应链中断风险传导原因、特征、路径及传导过程还有较大的完善空间。供应链中断风险传导的复杂性分析主要采用定性方法进行研究，未来可采用定量方法进行更深入的研究。

（2）书中所构建的供应链中断风险预测模型的预测精度要明显优于

传统GM（1，1）模型、变起点模型和新陈代谢模型，但因没有与更多预测方法进行比较，是否是最优模型，尚不知晓。故探求更优良的供应链中断风险预测模型是今后主要的研究工作内容之一。与此同时，在所构建的改进的灰色神经网络预测模型的基础上，以受中国南方2008年冰灾影响而销售出现部分中断的湖南HX办公与课椅家具厂为实例，进行实证分析，以此验证此方法的可行性。仅仅一个实例，可能不能代表普遍性，未来急需探寻更多相关案例，验证此方法的可行性，并探寻该方法的适用范围。

（3）在供应链中断风险传导路径及传导过程中，供应链各节点企业之间的信息共享至关重要，如何实现信息共享，本书没有涉及。未来可研究物联网、RFID、云计算和大数据等信息技术方法与应用，也可研究商业模式及平台建设，探寻供应链各节点企业之间的信息共享机制和创新驱动机制。在未来的研究中，需继续探寻其他有效的供应链中断风险应对措施，并对新的供应链中断风险传导进行有效的防范与应急。

（4）在供应链中断风险传导路径及传导过程中，供应链各节点企业之间的协调至关重要。本书构建了Stackelberg的利润独立分配模型和成员合利润分配模型，并用Shapley值法进行了利润再分配，未来还可从演化博弈或空间博弈出发，动态探究利润分配问题。在中断风险传导的不同时期，供应链节点企业应如何合作和协调，也需展开进一步研究。

供应链中断风险管控研究是一项结构复杂、涉及面广的综合性研究，需要长期不懈的深入探索。本书的研究工作仅为此类综合性研究内容的尝试性探索，对其中存在的局限与不足之处，还有待在今后的研究中不断改进和完善。

主要参考文献

[1] MILGRAM S.The small world problem [J]. Psychology Today，1967，2 (1)：185-195.

[2] WATTS D J，STROGATZ S H.Collective dynamics of "small-world" networks [J]. Nature，1998，393 (6684)：440-442.

[3] NEWMAN M E J，WATTS D J.Renormalization group analysis of the small-world network model [J]. Physics Letters A，1999，263 (4/6)：341-346.

[4] GOVORČIN J，KNOR M，ŠKREKOVSKI R.Line graph operation and small worlds [J]. Information Processing Letters，2013，113 (5/6)：196-200.

[5] DA SILVA P R O，LIMA F W S，COSTA FILHO R N.Potts model with q=3 and 4 states on directed small-world network [J]. Computer Physics Communications，2013，184 (12)：2 746-2 750.

[6] 花磊，王文平．产业生命周期不同阶段的最优集体创新网络结构 [J]．中国管理科学，2013，21 (5)：129-140.

[7] 张延禄，杨乃定．R&D网络风险相继传播模型构建及仿真 [J]．系统工程理论与实践，2014，34 (3)：723-731.

[8] HAUERT C，SZABÓ G.Game theory and physics [J]. American Journal

of Physics，2005，73（5）：405-414.

[9] BARABASI A L，ALBERT R. Emergence of sealing in random networks [J]. Science，1999，286（10）：509-512.

[10] 邓聚龙. 灰色系统基本方法 [M]. 2版. 武汉：华中理工大学出版社，2005.

[11] PITTS W. A logical calculus of the ideas immanent in nervous activity [J]. Bulletin of Mathematical Biophysics，1942，5（4）：115-133.

[12] HEBB D O. The organization of behavior [J]. Journal of Applied Behavior Analysis，1949，25（3）：575-57.

[13] MCCLELLAND J L. Parallel distributed processing：explorations in the microstructure of cognition，Vol. 1：Foundations [J]. Language，1986，63（4）：45-76.

[14] HOPFIELD J J. Neural networks and physical systems with emergent collective computational abilities [J]. Proceedings of the National Academy of Sciences，1982，79（8）：85-93.

[15] SURANA A，SOUNDAR K，GREAVES M，et al. Supply-chain networks：a complex adaptive systems perspective [J]. International Journal of Production Research，2005，43（20）：4235-4265.

[16] HELBING D，ARMBRUSTER D，MIKHAILOV A S，et al. Information and material flows in complex networks [J]. Physica A：Statistical Mechanics and its Applications，2006，363（1）：51-56.

[17] 穆东. 供应链系统的复杂性构成分析 [J]. 中国流通经济，2006，20（8）：10-14.

[18] PATHAK S D，DAY J M，NAIR A，et al. Complexity and adaptivity in supply networks：building supply network theory using a complex adaptive systems perspective [J]. Decision Sciences，2007，38（4）：547-580.

[19] 秦荪涛，李承娟. 基于多智能体的供应链协同机制研究 [J]. 科学管理研究，2004，22（3）：60-63.

[20] BODE C，WAGNER S M. Structural drivers of upstream supply chain complexity and the frequency of supply chain disruptions [J]. Journal of Operations Management，2015，36（5）：215-228.

[21] BHAT S A，KUMAR A. An integrated fuzzy approach for prioritizing supply chain complexity drivers of an Indian mining equipment manufacturer [J]. Resources Policy，2017，51（3）：204-218.

[22] CHOI T Y，DOOLEY K J，RUNGTUSANATHAM M.Supply networks and complex adaptive systems：control versus emergence [J]. Journal of Operation Management，2001，19 (3)：351-366.

[23] WYCISK C，MCKELVEY B，HÜLSMANN M. "Smart parts" supply networks as complex adaptive systems：analysis and implications [J]. International Journal of Physical Distribution&Logistics Managemen，2008，38 (2)：108-125.

[24] VENKATASUBRAMANIAN V，KATARE S，PATKAR P R，et al. Spontaneous emergence of complex optimal networks through evolutionary adaptation [J]. Computers & Chemical Engineering，2004，28 (9)：1789-1798.

[25] NAGURNEY A，TOYASAKI F. Supply chain supernetworks and environmental criteria [J]. Transportation Research Part D Transport & Environment，2003，8 (3)：185-213.

[26] 张纪会，徐军芹. 适应性供应链的复杂网络模型研究 [J]. 中国管理科学，2009，17 (2)：76-79.

[27] 白世贞，郑小京. 供应链复杂交互作用Agent的资源流分析 [J]. 系统工程理论与实践，2007，27 (6)：71-79.

[28] 华连连，隋宇心，李弘. 基于复杂网络的供应链鲁棒性分析 [J]. 上海管理科学，2015，37 (2)：42-47.

[29] TANG L，JING K，HE J，et al. Complex interdependent supply chain networks：cascading failure and robustness [J]. Physica A Statistical Mechanics & Its Applications，2016，443：58-69.

[30] ALBERT R，JEONG H，BARABÁSI A L. Error and attack tolerance of complex networks [J]. Nature，2000，406 (6794)：378-382.

[31] 范旭，马军海. 复杂供应链网络中的不确定性分析 [J]. 复杂系统与复杂性科学，2006，3 (3)：20-26.

[32] 陈晓，张纪会. 复杂供需网络的局域生长演化模型 [J]. 复杂系统与复杂性科学，2008，5 (1)：54-60.

[33] 王振锋，王旭，徐广印. 基于小世界网络的服务供应链研究 [J]. 上海管理科学，2011，33 (5)：46-48.

[34] 赵炎，王琦. 联盟网络的小世界性对企业创新影响的实证研究 [J]. 中国软科学，2013，28 (4)：108-116.

[35] 刘纯霞，舒彤，汪寿阳，等. 基于小世界网络的供应链中断风险传导路径研究 [J]. 系统工程理论与实践，2015，35 (3)：608-615.

[36] KÜHNERT C，HELBING D.Scaling laws in urban supply networks [J]. Physica A Statistical Mechanics & Its Applications，2006，363 (1)：96-103.

[37] GOLO N，BRÉE D S，KELMAN G，et al.Too Dynamic to fail：empirical support for an autocatalytic model of Minsky´s financial instability hypothesis [J]. Journal of Economic Interaction & Coordination，2015，11 (2)：1-25.

[38] 孙军艳，傅卫平，王雯. 基于复杂网络理论的B2C电商供应链网络分析 [J]. 西安理工大学学报，2015，31 (4)：391-399.

[39] XU N R，LIU J B，LI D X，et al.Research on evolutionary mechanism of agile supply chain network based on complex network theory [J]. Mathematical Problems in Engineering，2016，(1)：1-9.

[40] 李季明，张宁. 中国汽车零部件企业竞争网拓扑结构分析 [J]. 复杂系统与复杂性科学，2008，5 (2)：72-79.

[41] SUN X，LIU C，CHEN X，et al. Modeling systemic risk of crude oil imports：case of China´s global oil supply chain [J]. Energy，2017，121：449-465.

[42] 石海佳，石磊. 中国有机化工原料供应链结构——复杂网络视角 [J]. 化工学报，2009，60 (6)：1 500-1 505.

[43] 张铁，钱晓东. 基于复杂网络的供应链建模及仿真研究 [J]. 科技管理研究，2014 ，34 (22)：183-186.

[44] 曹文彬，熊曦. 边效益因素下复杂供应链网络局域演化机制 [J]. 计算机应用研究，2016，33 (1)：75-81.

[45] 杨康，张仲义. 基于复杂网络理论的供应链网络风险传播机理研究 [J]. 系统科学与数学，2013，33 (10)：1224-1232.

[46] MCFARLAND R G，BLOODGOOD J M，PAYAN J M. Supply chain contagion [J]. Journal of Marketing，2008，72 (2)：63-79.

[47] ACUNA-AGOST R，MICHELON P，FEILLET D，et al.SAPI：statistical analysis of propagation of incidents. A new approach for rescheduling trains after disruptions [J]. European Journal of Operational Research，2011，215 (1)：227-243.

[48] ŚWIERCZEK A.The impact of supply chain integration on the “snowball effect” in the transmission of disruptions：an empirical evaluation of the model [J]. International Journal of Production Economics，2014，157 (11)：89-104.

[49] FENG N, WANG H J, LI M. A security risk analysis model for information systems: causal relationships of risk factors and vulnerability propagation analysis [J]. Information Sciences An International Journal, 2014, 256 (1): 57-73.

[50] HASSINI E. A conceptual framework for analysing risk in supply networks [J]. Journal of Enterprise Information Management, 2013, 21 (4): 345-360.

[51] YING K T, MATTHEWS R L, TAN K H, et al. Unlocking supply chain disruption risk within the thai beverage industry [J]. Industrial Management & Data Systems, 2016, 116 (1): 21-42.

[52] OSADCHIY N, GAUR V, SESHADRI S. Systematic risk in supply chain networks [J]. Management Science, 2016, 62: 1755-1777.

[53] GRANOVETTER M S. The strength of weak ties [J]. Social Science Electronic Publishing, 1973, 78 (2): 1360-1380.

[54] DYER J H, NOBEOKA K. Creating and managing a high-performance knowledge sharing network: the Toyota case [J]. Strategic Management Journa1,2000, 21 (3): 345-367.

[55] MINGUELA-RATA B, RODRÍGUEZ-BENAVIDES M C, LÓPEZ-SÁNCHEZ J I. Knowledge complexity, absorptive capacity and weak ties: an empirical analysis of its effects on franchise systems uniformity [J]. Journal Manufacturing Technology Management, 2012, 23 (5): 578-592.

[56] FRIEDKIN N E. Information flow through strong and weak ties in intraorganizational social networks [J]. Social Networks, 1982, 3 (4): 273-285.

[57] LIU W T, DUFF R W. The strength in weak ties [J]. Public Opinion Quarterly, 1972, 36 (3): 361-366.

[58] RYBERG T, LARSEN M C. Networked identities: understanding relationships between strong and weak ties in networked environments [J]. Journal of Computer Assisted Learning, 2010, 24 (2): 103-115.

[59] GRANOVETTER M. The strength of weak ties: a network theory revisited [J]. Sociological Theory, 1983, 1 (1): 201-233.

[60] 曾德明，孙佳，何文鹏，等. 基于元分析的网络强度与企业创新关系研究 [J]. 管理学报，2015，12 (1): 103-110.

[61] 姚小涛，张田，席酉民. 强关系与弱关系：企业成长的社会关系依赖研究 [J]. 管理科学学报，2008，11 (1): 143-152.

[62] 曹杨毅，刘士军，王立强. 企业关系网络中基于相似度的弱关系分析 [J]. 广西大学学报：自然科学版，2014，39 (6)：1300-1308.

[63] 陈萍，彭文成. 强关系与弱关系下企业网络中的知识共享进化博弈分析 [J]. 情报理论与实践，2014，37 (4)：28-31.

[64] 李彬，季建华，王文利. 应对突发事件的供应链弱连接关系管理 [J]. 现代管理科学，2012，29 (5)：33-35.

[65] SMALL M L. Weak ties and the core discussion network：why people regularly discuss important matters with unimportant alters [J]. Social Networks，2013，35：470-483.

[66] GRANOVETTER M. The impact of social structure on economic outcomes [J]. Journal of Economic Perspectives，2005，19 (1)：33-50.

[67] CENTOLA D，MACY M. Complex contagions and the weakness of long ties [J]. American Journal of Sociology，2007，113 (3)：702-734.

[68] BAKSHY E，ROSENN I，MARLOW C，et al. The role of social networks in information diffusion [C]. International Word Wide Web Conference Committee，Lyon，France，2012.

[69] BURT R S. Structural holes [M]. Cambridge，MA：Harvard University Press，1992.

[70] BRASS D J. A social network perspective on human resources management [J]. Research in Personnel and Human Resources Management，1995，13 (1)：39-79.

[71] BOSO N，STORY V M，CADOGAN J W. Entrepreneurial orientation，market orientation，network ties，and performance：study of entrepreneurial firms in a developing economy [J]，Journal of Business Venturing，2013，28 (6)：708-727.

[72] PAGANI E，VALERIO L，ROSSI G P. Weak social ties improve content delivery in behavior aware opportunistic networks [J]. Ad Hoc Networks，2015，25：314-329.

[73] 林海芬，苏敬勤. 网络连接范式视角管理创新知识获取机理研究 [J]. 管理学报，2014，11 (1)：71-78.

[74] 刘纯霞，舒彤，汪寿阳，等. 弱连接视角下供应链中断风险传导特性分析 [J]. 财经理论与实践，2015，356 (5)：119-125.

[75] XIN K R，PEARCE J L. Guanxi：connections as substitutes for formal institutional support [J]. Academy of Management Journal，1996，39

(6): 1 641-1 658.

[76] TANG C S. Perspectives in supply chain risk management [J]. SSRN Electronic Journal, 2005, 103 (2): 451-488.

[77] JENG J T. Supply chain risk management [J]. Supply Chain Management, 2004, 9 (2): 183-196.

[78] 马浩博，季建华，何冰. 针对突发事件的供应链管理研究 [J]. 现代管理科学，2009，10: 76-78.

[79] SHEFFI Y. Supply chain management under the threat of international terrorism [J]. The International Journal of Logistics Management, 2001, 12 (2): 10-16.

[80] CRANFIELD MANAGEMENT SCHOOL. Supply chain vulnerability [M]. London: Cranfield University, 2002.

[81] ZSIDISIN G A. A grounded definition of supply risk [J]. Journal of Purchasing & Supply Management, 2003, 9 (5/6): 217-224.

[82] 李彬，季建华，孟翠翠. 基于降低供应中断风险的供应链管理研究 [J]. 现代管理科学，2011，30 (9): 5-7.

[83] CAVINATO J L. Supply chain logistics risks: from the back room to the board room [J]. International Journal of Physical Distribution & Logistics Management, 2004, 34 (5): 388-396.

[84] KLEINDORFER P R, SAAD G H. Managing disruption risks in supply chains [J]. Production and Operations Management, 2005, 14 (1): 53-68.

[85] 翟运开. 以知识为载体的企业间合作创新风险传递及其防控 [J]. 科学管理研究，2008，28 (l): 78-85.

[86] 叶厚元，尚永伟. 基于不同时期的企业风险传导分类研究 [J]. 企业经济，2007，325 (9): 5-7.

[87] 赵钢，杨英宝，包旭. 供应链网络风险扩散动力学模型及其应用 [J]. 系统工程理论与实践，2015，35 (8): 2014-2024.

[88] CHAPMAN P, CHRISTOPHER M, JUTTNER U, et al. Identifying and managing supply chain vulnerability [J]. Logistics and Transport Focus, 2002, 4 (4): 59-64.

[89] ELKINS D, HANDFIELD R B, BLACKHURST J, et al. 18 Ways to guard against disruption [J]. Supply Chain Management, 2005, 9 (1): 46-53.

[90] CHOPRA S, SODHI M S. Managing risk to avoid supply chain

breakdown [J]. MIT Sloan Management Review，2004，46 (1)：53-61.

[91] 雷臻，徐玖平. 供应链中突发事件的应急管理探讨 [J]. 项目管理技术，2004，2 (5)：26-29.

[92] 陈剑辉，徐丽群. 弹性系数在供应链风险传递研究中的应用 [J]. 安徽农业科学，2007，47 (1)：313-314.

[93] WILSON M C. The impact of transportation disruptions on supply chain performance [J]. Transportation Research Part E：Logistics and Transportation Review，2007，43 (4)：295-320.

[94] ZHANG Y，LAM J S L. Estimating the economic losses of port disruption due to extreme wind events [J]. Ocean & Coastal Management，2015，116：300-310.

[95] OUYANG M，PAN Z Z，HONG L，et al. Vulnerability analysis of complementary transportation systems with applications to railway and airline systems in China [J]. Reliability Engineering & System Safety，2015，142：248-257.

[96] 周艳菊，邱菀华，王宗润. 供应链风险管理研究进展的综述与分析 [J]. 系统工程，2006，24 (3)：1-7.

[97] KULL T，CLOSS D. The Risk of second-tier supplier failures in serial supply chains：implications for order policies and distributor autonomy [J]. European Journal of Operational Research，2008，186 (3)：1158-1174.

[98] BOISVERT R N，KAY D，TURVEY C G. Macroeconomic costs to large scale disruptions of food production：the case of foot-and-mouth disease in the united states [J]. Economic Modelling，2012，29 (5)：1 921-1 930.

[99] 范建昌，倪得兵，唐小我. 基于变异系数的供应链风险传导分析 [J]. 中国管理科学，2014，22 (11)：427-432

[100] 石友蓉. 风险传导机理与风险能量理论 [J]. 武汉理工大学学报：信息与管理工程版，2006，(9)：48-51.

[101] 陈爱早. 供应链中企业财务风险传导要素分析 [J]. 武汉理工大学学报：社会科学版，2009，22 (5)：15-16.

[102] 程国平，邱映贵. 供应链风险传导模式研究 [J]. 武汉理工大学学报：社会科学版，2009，22 (2)：36-41.

[103] 李刚. 供应链风险传导机理研究 [J]. 中国流通经济，2011，25 (1)：41-44.

[104] CHENG S K, KAM B H. A conceptual framework for analysing risk in supply networks [J]. Journal of Enterprise Information Management, 2008, 22 (4): 345-360.

[105] 叶厚元，邓明然. 企业风险传导的介质研究 [J]. 管理现代化，2007, (1): 38-41.

[106] 陈志. 企业风险传导过程的数理分析 [J]. 理论月刊，2010, (7): 159-162.

[107] 万幼清，胡强. 产业集群协同创新的风险传导路径研究 [J]. 管理世界，2015, 32 (9): 178-179.

[108] 翟运开. 基于知识转移的合作创新风险传导研究 [J]. 武汉理工大学学报：社会科学版，2007, (12): 747-750.

[109] 张剑光. 供应链风险传导的要素及过程研究 [J]. 物流工程与管理，2011, 33 (11): 139-141.

[110] 程国平，刘勤. 供应链风险传导路径变化研究 [J]. 价值工程，2009, 35 (4): 1-3.

[111] 邓明然，夏喆. 基于耦合的企业传导模型探讨 [J]. 经济与管理研究，2006, (3): 66-68.

[112] 孙国强，邱玉霞，李俊梅. 网络组织风险传导的动态演化路径研究 [J]. 中国管理科学，2015, 23 (2): 170-176.

[113] 刘志学，张艳，郑长征. 供应链提前期风险空间传递机理与控制策略 [J]. 管理评论，2012, 24 (6): 151-159.

[114] 戴胜利，李迎春. 东日本9级大地震次生灾害的传导机理及管理优化研究 [J]. 灾害学，2017, 32 (4): 162-168.

[115] 李林，孙军华. 基于社会网络冲突信息传播的群体特征 [J]. 系统工程理论与实践，2014, 34 (1): 207-214.

[116] 马丽，张光明，李平. 供应链风险的传递机制与传递路径研究 [J]. 科技情报开发与经济，2007, 17 (31): 96-97.

[117] 叶厚元，洪菲. 不同生命周期阶段的企业风险传导强度模型 [J]. 武汉理工大学学报：信息与管理工程版，2010, 32 (3): 437-441.

[118] 祝江斌，王超，冯斌. 城市重大突发事件扩散的微观机理研究 [J]. 武汉理工大学学报：社会科学版，2006, 19 (5): 710-713.

[119] 孙琦，季建华. 基于快速恢复的供应链突发事件演化过程分析 [J]. 软科学，2012, 26 (11): 58-62.

[120] 陈长坤，李智，孙云风. 基于复杂网络的灾害信息传播特征研究 [J]. 灾害学，2008, 23 (4): 126-129.

[121] 刘军荣. 刍论企业应对外部突发危机的变革周期 [J]. 生产力研究, 2009, 2: 161-163.

[122] 万国超, 曹邦英. 中小企业集群治理风险传导路径研究——基于小世界网络的视角 [J]. 财经理论研究, 2018, 183 (4): 106-115.

[123] 田虹, 崔悦. 企业管理视角下供应链风险的形成机制与应对策略分析 [J]. 理论探讨, 2018, 201 (2): 105-111.

[124] 樊星, 邵举平, 孙延安. 基于模糊理论的跨国农产品供应链风险识别与评估 [J]. 科技管理研究, 2016, 36 (6): 210-215.

[125] 朱传波, 季建华, 刘彩虹. 供应中断风险应急情景范式研究 [J]. 上海管理科学, 2014, 36 (4): 64-66.

[126] TRKMAN P, MCCORMACK K. Supply chain risk in turbulent environments: a conceptual model for managing supply chain network risk [J]. International Journal of Production Economics, 2009, 119 (2): 247-258.

[127] NEIGER D, ROTARU K, CHURILOV L. Supply chain risk identification with value-focused process engineering [J]. Journal of Operations Management, 2009, 27 (2): 154-168.

[128] ELLIS S C, HENRY R M, SHOCKLEY J. Buyer perceptions of supply disruption risk: a behavioral view and empirical assessment [J]. Journal of Operations Management, 2010, 28 (1): 34-46.

[129] 杨青, 刘星星, 陈瑞青, 等. 基于免疫系统的非常规突发事件风险识别模型 [J]. 管理科学学报, 2015, 18 (4): 49-61.

[130] 张浩, 王明坤. O2O模式下供应链失效风险识别模型及仿真 [J]. 系统仿真学报, 2016, 28 (11): 2747-2755.

[131] HARLAND C M, BRENCHLEY R, WALKER H. Risk in supply networks [J]. Journal of Purchasing and Supply Management, 2003, 9 (2): 51-62.

[132] 刘秋生, 张洁. 基于突发事件的供应链风险识别研究 [J]. 商业时代, 2012, 25: 75-76.

[133] KLEINDORFER P, OKTEM U G, PARIYANI A, et al. Assessment of catastrophe risk and potential losses in industry [J]. Computers and Chemical Engineering, 2012, 47 (12): 85-96.

[134] WU Y, DONG M, FAN T J, et al. Performance evaluation of supply chain networks with assembly structure under system disruptions [J]. Computers and Operations Research, 2012, 39 (12): 3229-3243.

[135] WU T，BLACKHURST J，CHIDAMBARAM V. A model for inbound supply risk analysis [J]. Computers in Industry，2006，57 (4)：350-365.

[136] SCHOENHERRA T，TUMMALA V M R，HARRISON T P. Assessing supply chain risks with the analytic hierarchy process：providing decision support for the offshoring decision by a US manufacturing company [J]. Journal of Purchasing and Supply Management，2008，14 (2)：100-111.

[137] 徐娟，章德宾. 生鲜农产品供应链突发事件风险的评估模型 [J]. 统计与决策，2012，28 (12)：41-43.

[138] WU D S，OLSON D L. Supply chain risk，simulation，and vendor selection [J]. International Journal of Production Economics，2008，114 (2)：646-655.

[139] LI Q W，ZENG B，SAVACHKIN A. Reliable facility location design under disruptions [J]. Computers and Operations Research，2013，40 (4)：901-909.

[140] 张晴，胡丹丹. 基于多代理的供应中断风险监测与评估 [J]. 统计与决策，2018，497 (5)：50-53.

[141] 李卫江，蒋湧，温家洪，等. 地震灾害情景下产业空间网络风险评估——以日本丰田汽车为例 [J]. 地理学报，2016，71 (8)：1384-1399.

[142] 舒彤，葛佳丽，陈收. 基于支持向量机的供应链风险评估研究 [J]. 经济经纬，2014，31 (1)：130-135.

[143] ANUPINDI R，AKELLA R. Diversification under supply uncertainty [J]. Management Science，1993，39 (8)：944-963.

[144] PARLAR M. Continuous-review inventory problem with random supply interruptions [J]. European Journal of Operations Research，1997，99 (2)：366-385.

[145] 李志，周愉峰. 考虑中断风险与库存成本的分销网络设计模型 [J]. 运筹与管理，2014，23 (6)：136-143.

[146] 李振国，王琪凤. 带中断风险的多供应商库存模型 [J]. 河南科技大学学报：自然科学版，2014，35 (3)：81-86.

[147] 马祖军，周愉峰. 考虑设施中断风险和防御的分销网络选址—库存问题 [J]. 系统工程，2015，33 (12)：48-54.

[148] LI X P，CHEN Y R. Impacts of supply disruptions and customer differentiation on a partial-backordering inventory system [J].

Simulation Modeling Practice and Theory, 2010, 18 (5): 547-557.

[149] SARGUT F Z, QI L.Analysis of a two-party supply chain with random disruptions [J]. Operations Research Letters, 2012, 40 (2): 114-122.

[150] ATASOY B, GÜLLÜR, TAN T. Optimal inventory policies with non-stationary supply disruptions and advance supply information [J]. Decision Support Systems, 2012, 53 (2): 269-281.

[151] XANTHOPOULOS A, VLACHOS D, IAKOVOU E. Optimal newsvendor policies for dual-sourcing supply chains: a disruption risk management framework [J]. Computers and Operations Research, 2012, 39 (2): 350-357.

[152] ABBOUD N E.A discrete-time markov production-inventory model with machine breakdowns [J]. Computers and Industrial Engineering, 2001, 39 (1-2): 95-107.

[153] LI Z L, XU S H, HAYYA J. A periodic-review inventory system with supply interruptions [J]. Probability in the Engineering and Informational Sciences, 2004, 18 (1): 33-53.

[154] XIAO T, YU G. Supply chain disruption management and evolutionarily stable strategies of retailers in the quantity-setting duopoly situation with homogeneous goods [J]. European Journal of Operational Research, 2006, 173 (2): 648-668.

[155] TASKIN S, LODREE E J. Inventory decisions for emergency supplies based on hurricane count predictions [J]. International Journal of Production Economics, 2010, 126 (1): 66-75.

[156] HUANG S, YANG C, LIU H.Pricing and production decisions in a dual-channel supply chain when production costs are disrupted [J]. Economic Modelling, 2013, 30 (1): 521-538.

[157] HISHAMUDDIN H, SARKER R A, ESSAM D. A recovery model for a two - echelon serial supply chain with consideration of transportation disruption [J]. Computers & Industrial Engineering, 2013, 64 (2): 552-561.

[158] HISHAMUDDIN H, SARKER R, ESSAM D. A simulation model of a three echelon supply chain system with multiple suppliers subject to supply and transportation disruptions [J]. Ifac Papersonline, 2015, 48 (3): 2036-2040.

[159] MOINZADEH K, AGGARWAL P. Analysis of a production / inventory system subject to random disruptions [J]. Management Science, 1997, 43 (11): 1577-1588.

[160] XIA Y, YANG M, GOLANY B, et al. Real time disruption management in a two-stage production and inventory system [J]. IIE Transactions, 2004, 36: 111-125.

[161] YANG Z, AYDIN G, BEIL B D R. Supply disruptions, asymmetric information, and a backup production option [J]. Management Science, 2009, 55 (2): 192-209.

[162] SCHMITT A J, SINGH M. A quantitative analysis of disruption risk in a multi-echelon supply chain [J]. International Journal of Production Economics, 2012, 139 (1): 22-32.

[163] SMELTZER L R, SIFERD S P. Proactive supply management: the management of risk [J]. International Journal of Purchasing and Materials Management, 1998, 34 (1): 38-45.

[164] FENG C X, WANG Z J, JIANG Z Y. Retailer′s procurement strategy under endogenous supply stability [J]. Sustainability, 2017, 9 (12): 2 261.

[165] TOMLIN B. On the value of mitigation and contingency strategies for managing supply chain disruption risk [J]. Management Science, 2006, 52 (5): 639-657.

[166] SCHMITT A J, SNYDER L V. Infinite-horizon models for inventory control under yield uncertainty and disruptions [J]. Computers and Operations Research, 2012, 39 (4): 850-862.

[167] PAL B, SANA S S, CHAUDHURI K. A multi-echelon supply chain model for reworkable items in multiple-markets with supply disruption [J]. Economic Modelling, 2012, 29 (5): 1 891-1 898.

[168] QI L. A continuous-review inventory model with random disruptions at the primary supplier [J]. European Journal of Operational Research, 2013, 225 (1): 59-74.

[169] 高佳，王旭. 供需同时不确定关系型供应链契约设计与决策 [J]. 中国管理科学，2016，24 (12): 127-138.

[170] 颜荣芳，陈玲. 供应中断下最优分配和应急采购策略的比较 [J]. 经济数学，2016，33 (4): 27-33.

[171] 李新军，王建军，达庆利. 供应中断情况下基于备份供应商的应急决策分

析 [J]. 中国管理科学，2016，24（7）：63-71.

[172] 于辉，王念. 供应商选择决策的扭曲现象：供应中断分析 [J]. 系统工程学报，2018，146（2）：129-136.

[173] 王远锦，于婷. 电子商务环境下生鲜供应链需求中断风险控制研究 [J]. 江苏商论，2015（2）：24-28.

[174] ZHANG R，LIU B. Group buying decisions of competing retailers with emergency procurement [J]. Annals of Operations Research，2016，257（1-2），1-17.

[175] LIN Z，JUN T，RUINA Y，et al. Emergency supplies procurement pricing strategy under quantity flexible contract [J]. Systems Engineering-Theory & Practice，2016，36（10）：2 590-2 600.

[176] HUANG H，SHEN X，XU H. Procurement contracts in the presence of endogenous disruption risk [J]. Decision Sciences，2016，47（3）：437-472.

[177] KUMAR M，BASU P，AVITTATHUR B. Pricing and sourcing strategies for competing retailers in supply chains under disruption risk [J]. European Journal of Operational Research，2017，229（1）：59-74.

[178] 闫晓军，张民楷，陈治. 基于MSPC的物资采购风险控制研究 [J]. 数理统计与管理，2016，35（2）：360-368.

[179] 邓聚龙. 灰色系统理论的GM模型 [J]. 模糊数学，1985，5（2）：23-32.

[180] CRISTÓBAL J R S，CORREA F，GONZÁLEZ M A，et al.A residual grey prediction model for predicting s-curves in projects [J]. Procedia Computer Science，2015，7（64）：586-593.

[181] CHANG C J，LI D C，HUANG Y H，et al.a novel gray forecasting model based on the box plot for small manufacturing data sets [J]. Applied Mathematics and Computation，2015，42（265）：400-408.

[182] HODZIC M，TAI L C. Grey predictor reference model for assisting particle swarm optimization for wind turbine control [J]. Renewable Energy，2016，32（86）：251-256.

[183] RAJESH R，RAVI V.Modeling enablers of supply chain risk mitigation in electronic supply chains：A Grey-DEMATEL approach [J]. Computers & Industrial Engineering，2015，（87）：126-139.

[184] MEMON M S，LEE Y H，MARI S I. Group multi-criteria supplier selection using combined grey systems theory and uncertainty theory [J].

Expert Systems with Applications，2015，42（21）：7 951–7 959.

[185] INTHARATHIRAT R，SALAM P A，KUMAR S，et al. Forecasting of municipal solid waste quantity in a developing country using multivariate grey models［J］. Waste Management，2015，19（39）：3–14.

[186] DEWANGAN S，GANGOPADHYAY S，BISWAS C K. Multi-response optimization of surface integrity characteristics of EDM process using grey-fuzzy logic-based hybrid approach［J］. Engineering Science and Technology，2015，18（3）：361–368.

[187] PAI T Y，LO H M，WAN T J，et al. Predicting air pollutant emissions from a medical incinerator using grey model and neural network［J］. Applied Mathematical Modelling，2015，39（5–6）：1 513–1 525.

[188] XIE N M，YUAN C Q，YANG Y J. Forecasting China′s energy demand and self-sufficiency rate by grey forecasting model and markov model［J］. International Journal of Electrical Power & Energy Systems，2015，(66)：1–8.

[189] HENDRICKS K B，SINGHAL V R. The effect of supply chain glitches on shareholder wealth［J］. Journal of Operations Management，2003，21（5）：501–523

[190] HENDRICKS K B，SINGHAL V R. An empirical analysis of the effect of supply chain disruptions on long-run stock price performance and equity risk of the firm［J］. Production and Operations Management，2005，14（1）：35–52.

[191] 李景峰，张晋菁. 供应中断和需求扰动环境下的供应模式选择［J］. 中国管理科学，2015，22（11）：496–502.

[192] QI X T，BARD J，YU G. Supply chain coordination with demand disruptions［J］. Omega，2004，32（4）：301–312.

[193] 杜文意，唐小我，艾兴政. 考虑努力因素影响需求的供应链外源融资策略［J］. 系统管理学报，2017，26（5）：964–969，979.

[194] 舒彤，杨芳，陈收，等. 基于期权与回购合同的供应链中断协调研究［J］. 科技管理研究，2015，36（7）：168–173.

[195] 李从，张洁. 藕节型供应链的建立［J］. 商业时代，2003，4（18）：18–19.

[196] 张凯峰，韩永生，潘旭伟. 供应链例外事件管理系统［J］. 计算机集成制造系统，2004，10（11）：1402–1407.

[197] 王勇，陈俊芳. 供应链事件管理——从技术到方法［J］. 预测，2004，23（1）：62–65.

[198] 刘建，郝秀清，明黎民，等. 基于模糊算法的数据查询技术在应急管理中的应用 [J]. 矿业安全与环保，2007，36 (2): 85-87.
[199] SAWIK T. Selection of supply portfolio under disruption risks [J]. Omega，2011，39 (2): 194-208.
[200] SAWIK T.Selection of resilient supply portfolio under disruption risks [J]. Omega，2013，41 (2): 259-269.
[201] 杜少甫，朱贾昂，梁樑，等. 考虑潜在突发危机的供应链事前优化决策 [J]. 系统工程理论与实践. 2012，32 (5): 928-936.
[202] 李新军. 基于供应中断的供应应急系统设计策略 [J]. 企业管理，2015，417 (5): 23-27.
[203] XU M H，QI X T，YU G，et al.The demand disruption management problem for a supply chain system with nonlinear demand functions [J]. Journal of Systems Science and Systems Engineering，2003，12 (1): 1-16.
[204] 王虹，胡劲松. 三级供应链应对突发事件的协调机制研究 [J]. 青岛大学学报: 自然科学版，2006，19 (9): 71-76.
[205] XIAO T J，YU G，SHENG Z H，et al.Coordination of a supply chain with one - manufacturer and two-retailers under demand promotion and disruption management decisions [J]. Annals of Operations Research，2005，135 (1): 87-109.
[206] 曾繁慧，王洪丽. 数量折扣协约下供应链的需求扰动管理 [J]. 辽宁工程技术大学学报，2007，20 (6): 454-456.
[207] 于辉，陈剑，于刚. 回购契约下供应链对突发事件的协调应对 [J]. 系统工程理论与实践，2005，25 (8): 38-43.
[208] 于辉，陈剑，于刚. 协调供应链如何应对突发事件 [J]. 系统工程理论与实践，2005，25 (7): 9-16.
[209] 于辉，陈剑，于刚. 批发价契约下的供应链应对突发事件 [J]. 系统工程理论与实践，2006，26 (8): 33-41.
[210] 于辉，陈剑. 需求依赖于价格的供应链应对突发事件 [J]. 系统工程理论与实践，2007，27 (3): 36-41.
[211] 李永新. 供应链中VRP管理如何应对突发事件 [J]. 经济师，2006，21 (3): 156-157.
[212] TAPIERO C S.Consumers risk and quality control in a collaborative supply chain [J]. European Journal of Operational Research，2007，182 (2): 683-694.

[213] SCHELLER-WOLF A，TAYUR S. Risk sharing in supply chains using order bands：analytical results and managerial insights [J]. International Journal of Production Economics，2009，121 (2)：715-727.

[214] TUNCEL G，ALPAN G. Risk assessment and management for supply chain networks：a case study [J]. Computers in Industry，2010，61 (3)：250-259.

[215] CAO E B，WAN C，LAI M Y. Coordination of a Supply chain with one manufacturer and multiple competing retailers under simultaneous demand and cost disruptions [J]. International Journal of Production Economics，2013，141 (1)：425-433.

[216] 曹二保，赖明勇. 需求和成本同时扰动时多零售商供应链协调 [J]. 系统工程理论与实践，2010，30 (10)：1 753-1 761.

[217] 刘德海，义苏烨. 群体性突发事件调解、预警和防御的情景优化模型 [J]. 系统工程理论与实践，2014，34 (10)：2 609-2 618.

[218] YOO T，CHO H，YUCESAN E. Hybrid algorithm for discrete event simulation based supply chain optimization [J]. Expert Systems with Applications，2010，37 (3)：2 354-2 361.

[219] KUMARA A，WAINER J. Meta workflows as a control and coordination mechanism for exception handling in workflow systems [J]. Decision Support Systems，2005，40 (1)：89-105.

[220] ADHITYA A，SRINIVASAN R，KARIMI I A. A model-based rescheduling framework for managing abnormal supply chain events [J]. Computers and Chemical Engineering，2007，31 (5)：496-518.

[221] 蔡政英，肖人彬. 中断环境下供应链弹性运作分析与优化 [J]. 系统工程理论与实践，2014，34 (6)：1 443-1 452.

[222] 卢梦飞，陈伟炯，梁承姬. 缓解中断风险的应急供应链网络鲁棒优化 [J]. 合肥工业大学学报：自然科学版，2015，38 (10)：1 417-1 423.

[223] 王效俐，张默. 突发事件下物流服务供应链合作补救策略研究 [J]. 软科学，2013，27 (9)：28-42.

[224] SHEFFI Y，RICE J B. A supply chain view of the resilient enterprise [J]. MIT Sloan Management Review，2005，47 (1)：41-48.

[225] 孔繁辉，李健. 供应中断风险下OEM供应链弹性运作与提升策略 [J]. 中国管理科学，2018，26 (2)：152-159.

[226] TANG C S. Perspectives in supply chain risk management [J].

International Journal of Production Economics, 2006, 103 (2): 451-488.

[227] 辛玉红，孙延明. 风险传导下的供应链鲁棒性分析与仿真研究 [J]. 科技管理研究，2017，37 (14): 245-253.

[228] PARK Y W, HONG P, ROH J J. Supply chain lessons from the catastrophic natural disaster in Japan [J]. Business Horizons, 2013, 56 (1): 75-85.

[229] KNEMEYER A M, ZINN W, EROGLU C. Proactive planning for catastrophic events in supply chains [J]. Journal of Operations Management, 2009, 27 (2): 141-153.

[230] GOH M, LIM J Y S, MENG F W. A stochastic model for risk management in global supply chain networks [J]. European Journal of Operational Research, 2007, 182 (1): 164-173.

[231] LIU R, KUMAR A, AALST W V D. A formal modeling approach for supply chain event management [J]. Decision Support Systems, 2007, 43 (3): 761-778.

[232] OLORUNTOBA R. An analysis of the cyclone larry emergency relief chain: some key success factors [J]. International Journal of Production Economics, 2010, 126 (1): 85-101.

[233] 舒彤，雷婷，陈收，等. 生产中断下的两级生产库存恢复模型 [J]. 统计与决策，2015，430 (10): 34-37.

[234] KHADEMI N, BALAEI B, SHAHRI M, et al. Transportation network vulnerability analysis for the case of a catastrophic earthquake [J]. International Journal of Disaster Risk Reduction, 2015, 15 (12): 234-254.

[235] 邓丹，李南，田慧敏. 基于小世界网络的NPD团队交流网络分析 [J]. 研究与发展管理，2005，17 (4): 83-86.

[236] 黄玉杰，万迪昉. 高技术企业联盟中的治理匹配及其绩效分析 [J]. 研究与发展管理，2007，19 (4): 8-15.

索引